本格的なデコが 2 時間で完成！

「グルー」で作る
大人のアクセサリー

坪内史子

講談社

始めませんか?
世界にひとつのきらめくアクセ作り

幼い頃からずっと手作りが好きで、
刺しゅうや縫い物は母に、編み物は祖母に教わりました。
既製品で作れそうなものはオリジナルのアイディアを加えて、
自分好みにカスタマイズして楽しんでいました。
大人になってもさまざまな習い事を楽しんでいたある日、
電車で隣り合わせた女性のペンダントに目が釘づけになりました。
今にして思えば、それはスワロフスキーで作った大粒のボールだったのです。
お店では見つからず、苦労してやっと大阪にある
デコ教室で似たものを見つけました。
その東京での出張講座に参加したのが、始まりでした。

グルーの性質上、2時間以内に作品を完成させないといけません。
でもそんな短時間で作ったとは思えない完成度の高さは、
従来の手作りアクセサリーでは物足りなかった、本物志向の女性をも魅了するものでした。
私はすぐに夢中になり、次々と作品を作りました。
自分もほしいという友人相手にレッスンを始め、やがて口コミで評判が広がり、
外苑前のマンションの一室で教室を始めたのは2年前のことです。
実はグルーによるハンドワークは、3年前に日本に紹介されたばかりです。
それにもかかわらずハンドワークファンの熱い注目を集めているのは、
今までにない新しい魅力がつまっているからです。
難しい技術も、堅苦しいレシピも必要ありません。
初心者でも今日作って明日には身につけられる手軽さなのに、
キラキラ好きの大人にはたまらないリュクス感があります。
しかも金属以外に、革や布にまで接着できるという汎用性があるのです。
時間がない、でも自分らしいおしゃれを楽しみたい大人の女性にこそ
ご紹介したい新しいハンドワークです。

坪内史子 スタジオRoom*T主宰

まるでジュエリーのような
グルー＋スワロフスキーなどの飾りのパーツで、作品が作れます！

グルー
エポキシ樹脂製の粘土。接着性が高く、毎日使える丈夫なアクセサリーが作れます。

スワロフスキー・チャトン
スワロフスキー社製のクリスタルガラス。底が平らなフラットバックに比べてV字のダイヤモンドカットは、デコしても外れにくく、輝きや発色がより強くなります。

完成作品
グルーのA剤とB剤を混ぜ合わせると2時間で硬化が始まり、24時間で完全に硬化します。初心者でも、華やかで高品質な作品が作れます！

一粒一粒、チャトンを置いて……

チャトンを置く作業では集中して。グルーの上に丁寧にバランスよく置くことで、光をより美しく反射する仕上がりになります。

本格的なデコが2時間で完成！
「グルー」で作る大人のアクセサリー
CONTENTS

始めませんか？
世界にひとつのきらめくアクセ作り ……………… 02
基本の道具と材料 ……………………………………… 06
グルーとチャトンのお話 ……………………………… 08

第1章
まずはここから
グルー＋デコの基本を覚える

基本テクニック1
グルーを平面的にのせる ……………………………… 10
01 ◆ オーバルフェイスのチャーム

基本テクニック2
グルーを立体的にのせる ……………………………… 14
02 ◆ リュクスリング

基本テクニック3
ベースを使わないフリーセッティング ……… 16
03 ◆ ロゴブローチ

基本テクニック4
ボールを作る …………………………………………… 20
04 ◆ ボールのチャーム

COLUMN
チャトンの置き方と修整方法 ………………………… 12
アクセサリーに加工する❶ …………………………… 13
ブローチに加工する …………………………………… 19
アクセサリーに加工する❷ …………………………… 22
グルーの混色について ………………………………… 53
バキュームピンセットのお手入れ …………………… 58
おすすめパーツ、コットンパール …………………… 61
余ったグルーでかわいくアレンジ …………………… 67
オリジナルデザインのヒント ………………………… 68

第2章
グルーとスワロが彩る毎日
いろいろな形のグルー＋デコを楽しもう

My basics
05 ◆ コットンパールとボールのネックレス …… 24 〈62〉
06 ◆ コットンパールとボールのペアリング …… 24 〈63〉
07 ◆ ボールのロングネックレス ………………… 25 〈62〉
08 ◆ コットンパールとボールのピアス ………… 25 〈63〉
09 ◆ エタニティリング …………………………… 26 〈54〉
10 ◆ スクエアフェイスリング …………………… 27 〈51〉

Ceremony
11 ◆ クラシカルボウブローチ …………………… 28 〈64〉
12 ◆ ヴィンテージリボン ………………………… 29 〈57〉
13 ◆ カメリアのブローチ ………………………… 30 〈58〉
14 ◆ ローズのブローチ …………………………… 30 〈65〉
15 ◆ モザイク風バレッタ ………………………… 31 〈66〉
16 ◆ クリスタルガーデンのリングとブローチ … 31 〈67〉
17 ◆ バケットクロスのブローチ ………………… 32 〈66〉
18 ◆ フラワークロスのブローチ ………………… 33 〈65〉

Luxury
19 ◆ フラワーとバタフライのブローチ ………… 34 〈68〉
20 ◆ バタフライのリングとネックレス ………… 35 〈69〉
21 ◆ アネモネのブローチ ………………………… 36 〈69〉
22 ◆ ビジューリング ……………………………… 37 〈55〉

Pop styles
23 ◆ パズルブローチ ……………………………… 38 〈70〉
24 ◆ マカロニネックレス ………………………… 39 〈56〉
25 ◆ クラッシュハートブローチ ………………… 40 〈70〉
26 ◆ パッチワークハートブローチ ……………… 41 〈71〉
27 ◆ No.5パールブローチ ………………………… 42 〈71〉
28 ◆ 幾何学柄のヘアゴム ………………………… 43 〈72〉
29 ◆ カモフラージュ柄のヘアゴム ……………… 43 〈72〉

Accents

- 30 ◆ Twiggyハートブローチ …………………… 44 〈73〉
- 31 ◆ 幾何学柄ハートブローチ ………………… 45 〈73〉
- 32 ◆ ロゴボール ……………………… 46・47 〈60〉
- 33 ◆ レパード柄ボール ………………………… 47 〈75〉
- 34 ◆ スマイルチャーム ………………………… 48 〈74〉
- 35 ◆ クロスチャーム …………………………… 48 〈74〉
- 36 ◆ モチーフのカードケース ………………… 49 〈76〉

※〈 〉は作り方のページです

第3章
仕上がりに差がつく
上手に作るための
プラステクニック

- 1　グルーを混色する ……………………………… 51
- 2　グルー面に下絵を転写する …………………… 52
- 3　グルー面を色分けする ………………………… 52
- 4　グルー面にチェーンを置く …………………… 53
- 37 ◆ ハートのサークルチャーム
- 5　全周タイプのリングを作る …………………… 54
- 6　大きなチャトンを置く ………………………… 55
- 7　パイプ形のベースで作る ……………………… 56
- 8　大きな作品を作る ……………………………… 57
- 9　大型で立体の作品を作る ……………………… 58
- 10　ボールに文字を入れる ………………………… 60

HOW TO MAKE
各作品の作り方 …………62

下絵 ……………………………………………………… 78

本書の使い方

初めての方は第1章から
全くの初心者の方は、ぜひ第1章の「基本テクニック I 」から始めてください。経験のある方は、作りたい作品のレシピにわからないところがある場合、第1章や、より高度なテクニックを解説した第3章を参照してください。

テクニックアイコンを参考に
掲載作品のレシピには、使用している4つの基本テクニックのアイコンを記載しています。

| ベース+平面 | ベース+立体 |
| フリーセッティング | ボール |

製作時間とレベル
製作時間は目安です。作業後の硬化時間（通常24時間）や、その後の加工に要する時間は含みません。また、難易度のレベルは下記を想定しています。

★☆☆☆☆ ………… 全くの初心者の方もOK
★★☆☆☆ ………… 少し経験がある方なら
★★★☆☆ ………… 慣れてきた方に
★★★★☆ ………… ひとひねりあり
★★★★★ ………… 難しいポイントが複数あり

レシピページの見方

作品のデータ — 作品の名称や製作時間、材料や道具など、作品作りに必要なデータをまとめています。寸法は特記していない場合、モチーフ部分を正面から測ったときの縦幅と横幅の最大寸法です。

バリエーション — デザイン、グルーやチャトンのカラーなど変更した点を解説しています。バリエーション作品製作時の参考にしてください。

下絵 — 下絵は各レシピページ、またはp.78〜79に掲載しています。特記していない場合は原寸大です。

作り方 — 初出のテクニックは、写真でプロセスをわかりやすく説明しています。

基本の道具と材料

製作に必要な道具や材料です。多くはご家庭や大型手芸店、クラフト材料店、アクセサリーパーツ専門店で揃いますが、入手がやや難しいもの（★印）はインターネットショップでの購入をおすすめします。

基本の道具　どの作品を作る場合にも必須なので、常備をおすすめします。

バキュームピンセット★
チャトン上部を先端のノズルで吸着し、効率よくグルー上に置く作業に使用します。

精密スケール★
グルーを量るときに使用します。0.01g単位で計量するため、精密なものが必要です。

アルコール入りウェットティッシュ
余分なグルーを拭き取ります。硬化後は取れなくなるので、こまめに拭き取りましょう。

使い捨てビニール手袋
グルーに直接触れることで、かぶれる可能性があります。必ず手袋を着用して作業しましょう。

ビーズ皿
チャトンやビーズなどが交ざったり散らばったりしないように、大きさや種類ごとにビーズ皿に取り分けます。

待ち針、つまようじ
一度グルー上に置いたチャトンやビーズの向き、位置を修整するとき、また取り除くときに使用します。

粘土ヘラ
グルーを細かく分けたり、量ったり、製作途中に形を整えたりするときに使用します。

カッティングマット
作業する台を汚さないために使用します。グルーは硬化後は取れなくなるので、こまめに拭き取りましょう。

その他の道具　作品によって必要なことがある道具です。

ウレタンフォーム、キッチンペーパー
太いリングをデコするとき、持ち手にします。ウレタンフォームはカットして、キッチンペーパーはたたんで使用。

クリアファイル
主にフリーセッティング作品の製作で、下絵をコピーした紙の上にクリアファイルを重ね、その上にグルーを直接置きます。

鉛筆、チャコペン、マジックペン
下絵を転写するためにラインをなぞったり、フェルトに印をつけたりするときに使います。鉛筆は2B以上を使用。

トレーシングペーパー
複雑な下絵をグルーの表面に転写するときに使用します。

スタンド類
製作中のボールを立てかけるために使用します。写真は無印良品の歯ブラシスタンド。カットした発泡スチロールに刺しても大丈夫です。

モルド★
サイコロ玉台とも呼ばれます。ボール状の作品を作るとき、上から何度も落として穴の縁に当てると、きれいな球体に近づきます。

ペンチ類
主にアクセサリーに加工するときに使用します。手芸用の丸ヤットコ、平ヤットコ、ニッパーがあれば、ほとんどの作業ができます。

ピンセット
チェーンや、バキュームピンセットではつかめない、大きなチャトンやパーツをつかむときに使用します。

基本の材料

土台のグルーと、主な飾りとなるスワロフスキー・チャトン（以下チャトン）です。

グルー
本書では「wGlue」を使用しています。A剤とB剤がセットになっており、これらを同量ずつ混ぜることで硬化が始まります。接着性がある約2時間のうちに、製作します。

スワロフスキー・チャトン
本書ではPP24（品番♯1088）、PP18（同）、PP10（♯1028）を中心に使用しています（写真のチャトンのカラーはクリスタル）。

チャトン以外の本体用パーツ

チャトンと同様に、飾りの一部としてグルーの上に置きます。

スワロフスキー・ファンシーストーン
品番は♯4000番台。しずくやハート、フラワー、バケットと呼ばれる長方形など、いろいろな形があります。

スワロフスキー・ソロバン型ビーズ
品番は♯5301、5328。その名の通りソロバンの珠の形です。チャトンやファンシーストーンと違って、穴があいています。

スワロフスキー・クリスタルパール
品番は♯5810。モノトーン系統以外にも、ピンク系統、オレンジ系統など50色以上のカラーとさまざまなサイズで展開。

メタルビーズ
金属製のビーズです。表面にメッキ加工が施されています。スクエア形や丸形もあります。

ボールチェーン
グルー上のラインにしたり、フリーセッティング作品を縁どったり、一粒ずつカットして、飾りのブリオンとしても使います。

主なベース用パーツ

フレームやお皿部分にグルーやチャトンをのせます。

「空枠」「石座」などの名称で販売されています。
1 リングベース、2 ボール芯（アクリルビーズ）、3 ボール芯（素ボール）、4 ミール皿、5 ミール皿つきヘアゴム、6 バレッタ台、7 ブローチ台

主な加工用パーツ

作品本体やベース用パーツに取りつけます。

1 フェルト、2 チェーン、3 Vカップ、4 ヒートン、5 丸カン、6 カニカン、7 ピアス芯立、8 ブローチピン、9 バッグチャームセット、10 引き輪セット

グルーとチャトンのお話

グルーで作るアクセサリーの基本となるグルーとチャトン。これらを扱うときに必ず知っておいていただきたい注意点や、製作のヒントをお知らせします。

グルーの特長

グルーは主な原料をエポキシ樹脂とし、**A剤（本剤）とB剤（補助剤）を同量ずつ混ぜ合わせると、硬化が始まります**。また、A剤同士を混ぜた場合は硬化せず、新しい色のA剤ができます。

現在20色以上が販売されており、それらの色と分量を変えて混ぜることで、無限に新しい色を作ることができます。本体用パーツやイメージする色に合わせて、自分だけのニュアンスを色で表現できるのが、最大の魅力です。

◆「グルーの混合」には2種類あります

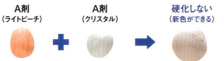

現在市販されている主なグルーです。それぞれ使用方法や特長が異なります。**1** wGlue（wGlue Japan）、**2** ジュエルパテ DeCoRé（相田化学工業）、**3** デコパテ粘土（貴和製作所）、**4** セラルーン（スワロフスキー社）

グルーを使用するときの注意点

A剤とB剤の混合から2時間以上経つと硬化が始まり、パーツ類を接着しなくなるため、時間内にパーツ類を置き終えます。その後、24時間おくと完全に硬化します。

金属以外に**ガラスやプラスチック、皮革、布地などにも接着できますが、やわらかい革や布など湾曲するものには使用できません**。グルーを扱うときは右記を厳守し、使用上の注意に従って作品を製作してください。

1. 小さな子どもが誤飲しないよう、**子どもの手の届かないところで保管・作業**する。
2. かぶれなどの予防のためにグルーには直接触れず、作業時は**使い捨てビニール手袋を必ず着ける**。
3. 作業時は**部屋の換気**を行い、揮発する成分の吸引をさけてください。
4. **長時間作業せず、刺激を感じたら使用を中止する**。
5. グルーが不安定になるため、**不純物を混ぜない**。
6. 手袋についたグルーは、こまめに**アルコール入りウェットティッシュ**で拭き取る。
7. グルーは**直射日光を避け、涼しい場所で保管**する。

※アレルギー体質の方は、アレルギー症状を引き起こす可能性があるので、グルーのご使用をお控えください。

チャトンのサイズとカラー

本書で使用しているチャトンは、すべてスワロフスキー社製のクリスタルガラスです。チャトンはPP1（直径0.80〜0.90mm）から、SS75（同17.97〜18.22mm）まで、70種類以上でサイズ展開され、カラーも200色以上と充実しています。

◆チャトンの実物大サイズ（一部）

#1028		#1088	
PP10	PP18	PP24	SS31（参考）
1.60〜1.70mm	2.40〜2.50mm	3.00〜3.20mm	6.50〜6.68mm

本書では主にPP10、18、24を使用しています。これらのサイズはチャトンの色も豊富に揃っています。この他にPP9、11、13を使用している作品も少数あります。

チャトンは底面がV字のダイヤモンドカットになっています。バキュームピンセットでつかむときは、上部から垂直に吸着しましょう。

◆チャトンのカラー（一部）

 クリスタル　 バイオレット　 ライトアゾレ　 シルク

 ホワイトオパール　 ダークインディゴ　 クリソライト　 スモーキークォーツ

 ヴィンテージローズ　 モンタナ　 カーキ　 ジェット

 フューシャ　 デニムブルー　 ライトコロラドトパーズ

 シャム　サファイヤ　ジョンキル

エフェクト

 クリスタルAB

 クリスタルゴールデンシャドウ

 クリスタルメタリックブルー

 クリスタルシルバーナイト

本書で使用しているチャトンのカラーの一部です（デザイン変更やサイズによって廃番の可能性があります）。

※2015年12月現在。

第1章

まずはここから
グルー＋デコの基本を覚える

4つのシンプルな作品を作りながら、
基本的なテクニックを段階的に学びます。
初心者でも、「基本テクニック1」から始めれば安心です。
そして「4」までこなせば、
本書に掲載のさまざまなタイプの作品を
作れるようになります。

基本テクニック1

グルーを平面的にのせる

まずはグルーとチャトン、道具類の扱いに慣れましょう。
ベース（土台）に平面的にグルーをのばし、チャトンを置いていきます。
グルーは2時間で硬化し始めるので、
作業時間を常に意識して。

01 ◆◆◆ オーバルフェイスの チャーム

指先ほどの小さなオーバル形ベース。
同じ色、大きさのチャトンを敷きつめました。
好みの長さのチェーンをつければ、
ブレスレットやネックレスとして楽しめます。

01 ◆ オーバルフェイスのチャーム（クリスタル）

製作時間 30分　レベル ★☆☆☆☆　寸法 1.4×1.8cm

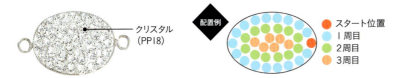

材料		
	〈ベース用パーツ〉	ミール皿2カン付き（楕円）ロジウムカラー ⑨
	〈グルー〉	クリスタル A0.3g+B0.3g＝0.6g
道具	〈本体用パーツ〉	スワロフスキー・チャトン クリスタル PP18…約36個

基本の道具（p.6）
　バキュームピンセット、精密スケール、アルコール入りウェットティッシュ、
　使い捨てビニール手袋、ビーズ皿、待ち針、つまようじ、粘土ヘラ、
　両面テープ、カッティングマット

 グルーとチャトンのカラーを変更しています

〈グルー〉バイオレット　〈グルー〉ペリドット　〈グルー〉ジョンキル　〈グルー〉ライトローズ
〈チャトン〉バイオレット　〈チャトン〉ペリドット　〈チャトン〉ジョンキル　〈チャトン〉ライトローズ

作り方

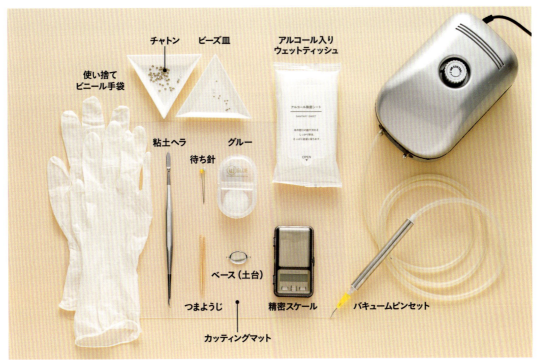

1 初めに道具と材料をすべて並べ、足りないものがないか確認します（ここにある道具は、「基本の道具」として本書に掲載しているすべての作品に使用）。

2 必ず手袋をつけて、グルーのA剤とB剤を、精密スケールで指定通り計量します。

3 A剤、B剤ともに0.3gずつ計量して、カッティングマットの上で作業します。

3～4分混ぜる

4 A剤とB剤を合わせ、棒状にのばしては折りたたんで、3～4分しっかり混ぜます。

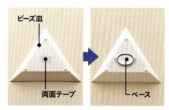

5 使用するベース（土台）が小さいときは、作業をしやすいように、ビーズ皿を裏返して底の上に両面テープで固定させます。

6 ベースの中央に、混ぜたグルーをのせます。

7 隙間があるとはがれやすいため、グルーをベースに密着させながらのばし、高さはフレームに揃えます。

8 グルーの表面が平面になるよう、指の腹でやさしくたたいて整えます。

9 バキュームピンセットでチャトンを1個吸いつけます。

10 配置例を参照して、スタート位置にチャトンを置きます。

COLUMN

チャトンの置き方と修整方法

もっとも美しくスワロフスキーの光を反射させられるよう、正しくチャトンを置きましょう。

チャトンの置き方

OK チャトンがグルーに対して垂直に置かれ、チャトン底面まで埋まっている正しい形です。

NG チャトン同士が重なったり、隙間があいたり、ベースの縁との間隔が乱れていたりと、バラバラの状態です。

NG チャトンがグルーに対して垂直でなく、チャトン底面も埋まっていません。

NG チャトンがグルーに深く埋まりすぎています。

修整方法

待ち針の先端でそっとチャトンを外したり、移動させたりします。

11 縁の内側を1周するようにチャトンを置いていきます。数個置いたら、チャトン同士の重なり、浮き、沈みがないか確認しながら進めます。

12 チャトンは縁との間に隙間をあけず、かつ縁に重ならないように配置します。

13 1周したら配置例を参考にして、残りのスペースにチャトンを置いていきます。チャトン同士の間隔が均一になるように配置しましょう。

14 つまようじを横にして、チャトンの浮きを押さえ、高さと向きを揃えます。

15 指先でやさしく押さえ、表面を整えます。

16 最後に、ベースについたグルーをアルコール入りウェットティッシュで拭き取ります。そのまま24時間おき、グルーを完全に硬化させます。

17 完全に硬化したら、チャームの完成です。好みのチェーンやパーツを取りつけて、加工します。

Chapter1 | Basic Technics

COLUMN

アクセサリーに加工する❶

丸カンやCカンでベースとチェーン、チェーンと留め具とをつなぎ、ネックレスやブレスレットに加工します。

チェーンを取りつける

丸カンを開いてベースのリング部分とチェーンの片端に通し、閉じてつなげます。

好みのチェーンを用意し、丸カンでつないで、ネックレスに仕上げます。

丸カンの開閉

平ヤットコで、丸カンを左右からつかみます。

前後方向に開きます。ベースやパーツ類に通して、閉じます。

基本テクニック 2
グルーを立体的にのせる

グルーとチャトンの扱いに慣れたら、
グルーの特長のひとつである成形性を活かして、
立体的な作品を作ってみましょう。

02 ••• リュクスリング

圧倒的な輝きとボリュームのあるリング。
グルーを立体的に盛りつけると、リュクス感がアップします。
3種類の大きさのスワロフスキーで大人っぽい表情に。
カジュアルにもシックにも使えるから、
色違いでほしくなります。

02 ◆ リュクスリング（クリスタル）

製作時間 45分　レベル ★★☆☆☆　寸法 1.6×2.6cm

― クリスタル（PP24×1、PP18×3の順で1周）
― クリスタル（PP24、PP18、PP10）

 バリエーション　ベース、グルー、本体用パーツを変更しています

〈ベース〉
ゴールド（著者によりメッキ加工済み）
〈グルー〉
クリスタル＋
ライトコロラドトパーズ
〈本体用パーツ〉
クリスタルゴールデンシャドウ

材料
〈ベース用パーツ〉	リングベース　ボリュームリング シルバーⓌ
〈グルー〉	クリスタル A1.6g＋B1.6g＝3.2g
〈本体用パーツ〉	スワロフスキー・チャトン クリスタル PP24…約25個、PP18…約65個、PP10…約20個

道具
基本の道具（p.6）、ウレタンフォームまたはキッチンペーパー

作り方

1 リングベースにカットしたウレタンフォームやたたんだキッチンペーパーなどを通し、持ちやすくしておきます。

2 グルーのA剤とB剤をそれぞれ指定通り計量し、3〜4分しっかり混ぜます。

3 混ぜたグルーをリングベースのフレームに隙間なく、立体的にのせます。

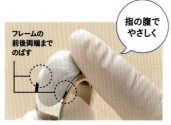

4 左右両端から中央へ向けてグルーを盛りつけ、フレームの前後両端まで覆い、表面を指の腹でやさしく整えます。

 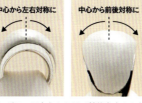

5 グルーは中心から見て前後左右とも対称に盛りつけて、さまざまな方向からバランスをチェックします。

Point バランスをチェック！
NG グルーが偏っている例　NG 前後のバランスが悪い例

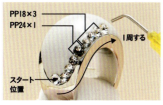

6 チャトンを置いていきます。フレームの端からスタートして（写真参照）、PP24を1個、PP18を3個の順で1周させます。

7 ぐるりと1周置き終わったら、PP24をバランスよく置いていきます。

8 残りのスペースをPP18、PP10でバランスよく埋めます。

9 すべて置いたら、つまようじで浮きを修整し、軽く形を整えます。位置を微調整するときは、待ち針を使用します。

10 アルコール入りウェットティッシュで、ベースについたグルーや曇りなどを拭き取ります。

11 グルーを24時間硬化させて完成です。

基本テクニック3
ベースを使わないフリーセッティング

ベースを使わず、グルーそのものを好きな形に盛り、
スワロフスキーを置く技法を「フリーセッティング」と呼んでいます。
作りたいイメージを自由に表現できる楽しさは、
まさにグルーアクセサリーの醍醐味であり、
私のもっとも好きな技法です。

Chapter1 | Basic Technics

03 ◆◆ ロゴブローチ

まばゆいアルファベットやナンバーのブローチをシャツや帽子、トートバッグなどにつけると、カジュアルな中にも品が出ます。

03 ◆ ロゴブローチ（ホワイトオパール）

製作時間 40分　レベル ★★☆☆☆　寸法 3.5×3.0cm

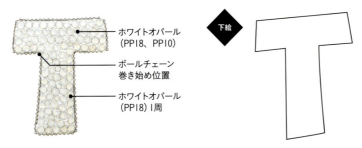

- ホワイトオパール（PP18、PP10）
- ボールチェーン巻き始め位置
- ホワイトオパール（PP18）1周
- 下絵

材料

〈グルー〉	クリスタル A1.7g＋B1.7g＝3.4g	
〈本体用パーツ〉	スワロフスキー・チャトン ホワイトオパール PP18…約90個、PP10…約10個 ボールチェーン（1.0mm）シルバー…約15cm	
〈加工用パーツ〉	フェルト（約5×5cm）、ブローチピン	

道具

基本の道具（p.6）、下絵のコピー、クリアファイル、セロハンテープ、鉛筆またはチャコペン、ニッパー、ピンセット、はさみ、木工用ボンド

作り方

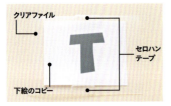

1 下絵をコピーした紙に、あらかじめカットしておいたクリアファイルを重ね、セロハンテープで固定します。

2 グルーのA剤とB剤を指定通り計量し、しっかり混ぜて、クリアファイルの上から下絵に合わせてのばします。

3 厚みを均一にし、平面になるよう整えます。

4 グルーの外周にボールチェーンを巻きます。チェーンの切れ目が目立たないよう、ピンセットで角から巻き始めます。

5 チェーンは角ごとにニッパーで一度カットします。これを繰り返し、たるまないようグルーに沿わせて1周させます。

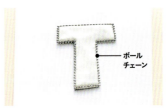

6 チェーンを巻き終わったところです。

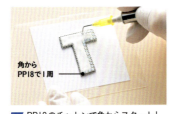

7 PP18のチャトンで角からスタートし、チェーンの内側に1周置き、さらにPP18とPP10でバランスよく埋めていきます。

8 全部埋め終わったら、形を整え、チャトンの浮き、重なりをチェックします。グルーを24時間硬化させて、ブローチ加工（右ページ参照）したら完成です。

Point 新しくデザインするには

オリジナルの文字を下絵にしてもいいし、パソコンで好みのフォントを探して、それを参考に描いてみるのもおすすめ。またクッキーや、UVレジンなどの型、刺しゅうの図案には、フリーセッティングの参考になるデザインがたくさんあります。

バリエーション
デザイン、グルー、本体用パーツを変更しています
（グルーはすべてA剤の分量です。下絵はp.78）

〈グルー〉
ジェット 1.7g
〈本体用パーツ〉
ジェットヘマタイト
PP18…約120個
PP10…約10個
ボールチェーン
…約20cm

〈グルー〉
クリスタル 0.85g＋
ジェット 0.85g
〈本体用パーツ〉
クリスタル
シルバーナイト
PP18…約90個
PP10…約10個
ボールチェーン
…約16cm

〈グルー〉
クリスタル 1.7g
〈本体用パーツ〉
クリスタル
PP18…約120個
PP10…約15個
ボールチェーン
…約21cm

〈グルー〉
サファイヤ 1.65g＋
ジェット 0.05g
〈本体用パーツ〉
クリスタル
メタリックブルー
PP18…約100個
PP10…約10個
ボールチェーン
…約15cm

〈グルー〉
サファイヤ 1.7g
〈本体用パーツ〉
サファイヤ
PP18…約110個
PP10…約20個
ボールチェーン
…約16cm

〈グルー〉
アクアマリン 1.5g＋
サファイヤ 0.2g
〈本体用パーツ〉
カプリブルー
PP18…約100個
PP10…約10個
ボールチェーン
…約16cm

COLUMN

ブローチに加工する

作品本体が完全に硬化したら、
裏面にブローチピンを取りつけます。

1. フェルトの上に作品を置き、外周のラインを鉛筆またはチャコペンでなぞります。

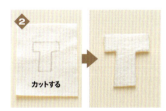

2. フェルトをライン通りに、はさみでカットします。

3. ブローチピンの取りつけ位置を決め、ピンの両端の位置に印をつけます。

4. 2ヵ所の印にはさみで切り込みを入れます。

5. フェルトを裏返し、ピンを開いて、切れ込みからピンの針と両端を出します。

6. ピンの両端と針がフェルト面の表に出るようにします。

7. 作品本体の裏面に木工用ボンドをつけます。

8. **6**のフェルトを重ねて、ぴったりと貼り合わせます。

9. 乾燥したら、フェルトのはみ出しをカットして完成。

基本テクニック 4

ボールを作る

ボールは置くチャトンの数も多く、少しテクニックが必要です。
でも動くたびにスワロフスキーがまばゆく輝くさまは、なんともいえず優雅。
細かい作業になりますが、ぜひチャレンジしてください。

04 ◆◆◆ ボールのチャーム

コロンとした姿がかわいらしい小ぶりなボールは、
一粒ネックレスやピアスに加工してデイリーにつけられます。
色違いでたくさん作って、重ねづけなども楽しんでみて。

04 ◆ ボールのチャーム（ライトサファイヤ）

製作時間 80分　レベル ★★★★☆　寸法 直径1.4cm

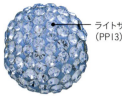
ライトサファイヤ（PP13）

材料
〈ベース用パーツ〉	ボール芯（アクリルビーズ・10mm）
〈グルー〉	ライトサファイヤ A0.36g＋B0.36g＝0.72g
〈本体用パーツ〉	スワロフスキー・チャトン ライトサファイヤ PP13…約150個

道具　基本の道具（p.6）、スタンド類、モルド

 バリエーション　グルー、本体用パーツを変更しています

| 〈グルー〉フューシャ
〈チャトン〉フューシャ | 〈グルー〉ジョンキル
〈チャトン〉ジョンキル | 〈グルー〉クリスタル
〈チャトン〉クリスタルAB | 〈グルー〉サファイヤ
〈チャトン〉サファイヤ | 〈グルー〉クリスタル＋ペリドット
〈チャトン〉クリソライト |

作り方

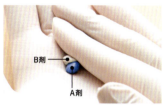

1 グルーのA剤とB剤をそれぞれ指定通り計量し、3～4分しっかり混ぜます。

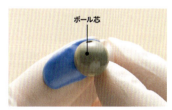

2 グルーをシート状にのばし、ボール芯をのせます。

3 ボール芯の上下の穴のうち、どちらかをふさがないようにし、グルーの厚みを均一にしながら、くるみます。

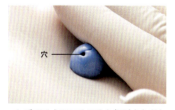

4 手のひらでころころと転がすなどして、厚みが均一できれいな球体に整えます。

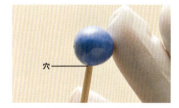

5 ボール芯の穴につまようじを刺し、厚みが均一な球体になっているかをさまざまな角度からチェックし、修整します。

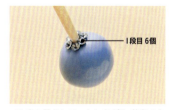

6 穴の周りにチャトンを6個、花弁のように置きます。チャトンは少し浮かせ、隣り合ったチャトンとの間に隙間があかないよう配置します。

Point 中断時は立てかけて

作業の一時中断時は、変形を防ぐために歯ブラシスタンドなどに立てかけておきます。

7 続けて2段、3段と置いていきます。6と同様、少し浮かせて前後左右に隙間があかないよう置きます。

8 中央部まで置いたら上下を反対にして持ち替え、中央部からトップに向けて置いていきます。

9 全体に置いたところです。隙間なく均一に置けているかチェックします。

10 形を壊さずに丁寧にボールをつまようじから外し、つぶさないようにやさしく持ちます。

11 モルドに3cmほど真上から数回軽く落として形を整え、きれいな球体になるよう仕上げます。グルーを24時間硬化させたら完成です。

> ### Point モルドの使い方
> 完成度の高いボールを作るには、「モルド(サイコロ玉台)」を使って、きれいな球体になるよう整える必要があります。
>
>
>
> さまざまなサイズのボールに対応できるよう、いくつも穴があいています。
>
>
>
> モルドの穴全体ではなく、穴の縁の部分に当てることで球体を形成します。そのため、必ず製作中のボールの直径より小さい穴に落とします。

COLUMN

アクセサリーに加工する❷

ボールの穴を用いて、アクセサリーパーツとして使えるよう加工します。
(加工はボールのグルーが硬化したら行います)

ヒートンをつける

❶ つまようじにベースと同色のグルーを少量とり、ボールの穴につけます。

❷ ヒートンにもグルーをつけます。

❸ ボールの穴にヒートンをねじ込みます。はみ出したグルーがあれば取り除きます。

❹ ヒートンのグルーを24時間硬化させて、完成です。

チェーンを通す

❶ ボール芯の穴をグルーでふさがないようにくるみ、つまようじを穴に刺してチャトンを置きます。

ボール芯には、穴のあいた球状のビーズや素ボールと呼ばれる発泡スチロール球を使用します。

❷ 上下の穴がつながって貫通しているボールができます。グルーの硬化後、ボールにチェーンを通します。

第2章

グルーとスワロが彩る毎日
いろいろな形の
グルー+デコを楽しもう

緊張感を楽しむオンタイム、
笑顔でくつろぐオフタイム、心ときめくセレモニー……。
日常のさりげないシーンに、スワロフスキーは華やぎを添えてくれます。
忙しく過ごす毎日の中に小さな時間を見つけて、
自分だけのアクセサリーを
作ってみませんか？

My basics

私がふだん愛用しているのは、
単色のボールのピアスやネックレス、
エタニティリングなど、
シンプルなデザインのものばかり。
カジュアルなときも
ドレスアップしたときも使える、
万能なデイリーアイテムです。

06 ◆◆◆ コットンパールと
ボールの
ペアリング

05 ◆◆◆ コットンパールと
ボールのネックレス

作り方 p.62、63

少し大きめのボールは
ロングチェーンで一粒ネックレスにしても。
華奢なデザインの短いネックレスと重ねづけするなど、
幅広いコーディネイトを楽しめます。

（左上より）
コットンパールとボールのピアス（ゴールド）、コットンパールとボールのペアリング（ゴールド）、コットンパールとボールのネックレス（ゴールド）

Chapter2 | Works

07 ◆◆ ボールの
　　　ロングネックレス

08 ◆◆ コットンパールと
　　　ボールのピアス

作り方 p.62、63

ピアスは市販のコットンパール付きピアスキャッチを使うので、かんたんに作れます。
お揃いのリングやネックレスと組み合わせてもいいし、単品でつけても愛らしい定番アイテム。

09 ✦✦ エタニティリング

作り方 p.54

同じ形のストーンが全周に
とぎれなく並ぶことから、
「永遠の愛」の象徴とされるリング。
シンプルなデザインだから、
初心者でもすぐ作れるのがうれしい。

10 ✦✦ スクエアフェイスリング

作り方 p.51

グルーを立体的にのせて小さなチャトンを敷きつめたら、
まるでパヴェのような優雅な輝きに。
クールなスクエアフェイスに合わせて、
落ち着いたカラーを選びました。

Ceremony

特別な記念日には、
思いを込めたジュエリーを身につけたいですね。
ウエディングやフォーマルな場所にふさわしいので、
大切な日を迎える友人や家族に
プレゼントしてみませんか?

11 ◆◆◆ クラシカルボウブローチ

作り方 p.64

ブラウスの胸元につけるだけで華やかになる、
レッスンでも一番人気のアイテム。
甘くなりすぎないリボンがほしいという声に応えて、
ラインにこだわった逸品です。

12 ❖❖ ヴィンテージリボン

作り方 p.57

あえて輝きを抑えて、
チェーン、メタルビーズなどでヴィンテージ感を出しました。
母から受け継いだブラックドレスに合わせると、
背筋が伸びる気がします。

13 ◆◆ カメリアのブローチ

作り方 p.58

定番のモチーフを
よりエレガントでやわらかい雰囲気にしたくて、
何枚もデザイン画を描きました。
中心を小さくまとめた優美なカメリアは、
大人の女性にぴったり。

14 ◆◆ ローズのブローチ

作り方 p.65

バラはあでやかすぎる満開のときよりも、
八分咲きのほうが美しいと感じます。
アシンメトリーな花びらで、盛りを迎えようとする
若いバラを表現してみました。

15 ◆◆ モザイク風バレッタ

作り方 p.66

ウエディングパーティに出席する友人に、
ロングヘアをゆるりとまとめたいと頼まれて作りました。
形の違うファンシーストーンを組み合わせる作業が、
パズルみたいで楽しい。

16 ◆◆ クリスタルガーデンの リングとブローチ

作り方 p.67

英国のロイヤルファッションのような、
正統派のブローチをイメージしました。
蝶々と花のファンシーストーンが甘くなりすぎないよう、
すべてクリスタル一色でまとめて。

17 ◆◆ バケットクロスのブローチ

作り方 p.66

バケットと呼ばれる長方形のファンシーストーンを使い、
クールだけどリュクス感のある大ぶりなクロス。
コートの胸元につけると、がらりと印象が変わります。

18 ◆◆ フラワークロスのブローチ

作り方 p.65

愛らしいフラワー形のファンシーストーンが印象的。
クラシックなモチーフにちょっとだけ今の気分を加えて、
モダンな表情に仕上げるのが好きです。

Luxury

素敵な場所へのお出かけや、
女友達とのワイン会など、
いつもより気合を入れたい日のために
作ったボリュームのあるアクセサリー。
シンプルな服に合わせると、
ハッとするほど存在感の
ある輝きを放ちます。

19 ◆◆ フラワーとバタフライの ブローチ

作り方 p.68

花の周りを飛び回る蝶々がテーマ。
ベルベットのリボンに並べてつけて手首に巻いたり、
蝶々と花を少し離してセーターにつけたりすると、
シンプルな装いが華やぎます。

20 ◆◆ バタフライの
　　　　リングとネックレス

作り方 p.69

このリングは指にはめると2匹の蝶々が
指にとまっているように見えて、お気に入りです。
女性らしく華麗なデザインを、
クリスタルの単色で品よくまとめました。

21 ✦✦ アネモネのブローチ

作り方 p.69

大好きな花をスクエアの花びらにして
めしべをランダムに置くことで、
ちょっと北欧風なイメージに仕上げました。
重ねづけできる大きさにしたのもポイント。

22 ◆◆ ビジューリング

作り方 p.55

チャトンをグルーに浮かせて置く例外的な手法を使い、
グルーを見せないことで透明感を出しました。
大きなチャトン中心なので、
ゴージャスなのに作りやすい作品です。

Pop styles

高度な技術でカットされたスワロフスキーは、
小ぶりなアイテムでもぎゅっと光を集めて反射するので印象的です。
遊び心のある楽しいモチーフで、
デイリーな装いに上質なエッセンスを加えてみてください。

23 ◆◆ パズルブローチ

作り方 p.70

アクセサリーはふだんあまりつけないという友人も、
このモチーフは気に入ってくれました。
バッグなどに色違いで2〜3個ラフにつけても
ユニークな表情になります。

24 ◆◆ マカロニネックレス

作り方 p.56

チェーンなどを通すパイプ形のアクセサリーパーツに、
ストーンを互い違いにぎっしり置くと乱反射します。
色をいくつかミックスすると、
より愛らしい印象に。

25 ◆◆ クラッシュハートブローチ

作り方 p.70

ポキポキと折ったような直線のビーズを
ちりばめたブローチです。
横長でふっくらしたハートがどこかコミカルなので、
気軽なワンポイントとしてどうぞ。

26 ◆◆ パッチワーク ハートブローチ

作り方 p.71

いろいろな感情がつまった心の内を表現したくて、
少しいびつな形のハートに
凹凸感のあるソロバン型ビーズを使いました。
同系色のグラデーションで大人っぽく。

Chapter2 | Works

27 ▸▸▸ No.5パールブローチ

作り方 p.71

セクシーな大人の女性に
ふさわしいシンプルなモチーフは、
カジュアルなデニムシャツにもよく合います。
大粒のクリスタルパールだから作りやすい。

28 ✦✦✦ 幾何学柄のヘアゴム

作り方 p.72

繊細なライン使いにスワロフスキーの
リュクス感が加わって、よりエレガントな印象に。
どんなシーンでも活躍できるよう、
ペールトーンを選びました。

29 ✦✦✦ カモフラージュ柄の
ヘアゴム

作り方 p.72

男性か若い人の柄というイメージですが、
さりげなく使えばおしゃれ上級者に見えます。
オリジナルの迷彩を作って、
カッコイイ大人の女性を演出しましょう。

Accents

シンプルなデザインの帽子やバッグに
きらめくアクセサリーをさりげなくつけると、
ワンランクアップした小物に生まれ変わります。
その日の気分に合わせてつけ替えれば、
何通りものニュアンスを楽しめますね。

30 ◆◆ Twiggyハートブローチ

作り方 p.73

母の日のプレゼントにとオーダーされて作ったものです。
細いビーズをちりばめて、"小枝も集めれば強くなる"という
母性を表現してみました。

31 ◆◆ 幾何学柄 ハートブローチ

作り方 p.73

グルーを4種類のチャトンの中間色にすると、
チャトンにグルーの色が映えて
繊細な表情に仕上がります。
クラッチバッグの留め具風に使うと素敵。

32 ◆◆ ロゴボール（LOVE）
作り方 p.60

地味なコーディネイトのときも、
キラキラした小物ひとつで華やぎます。
ボールにバランスよく文字を並べるのが
少し難しいけれど、チャレンジしてみて。

32 ◆◆ ロゴボール（LUXE）

作り方 p.60

33 ◆◆ レパード柄ボール

作り方 p.75

シルバーとゴールドの色違い。
ゴージャスになりすぎるレパード柄も、
ボールだと愛らしさが加わります。
インパクトのあるバッグにも負けない存在感です。

34 ✦✦ スマイルチャーム

作り方 p.74

顔のバランスに気をつけて、
おなじみのスマイルマークを
リッチな雰囲気に仕上げましょう。
他の形のチャームとの
組み合わせを考えるのも楽しい。

35 ✦✦ クロスチャーム

作り方 p.74

細いチェーンに通せば、
可憐なネックレスに早変わりします。
チャームをひとつだけつけたり、重ねづけしたり、
気分次第でコーディネイトして。

36 ◆◆ モチーフの
カードケース

作り方 p.76

グルーはかための布や革にものせられるので、
市販品を華やかにカスタマイズできます。
モチーフは花やイニシャルだけでもかわいいですよ。

仕上がりに差がつく
上手に作るためのプラステクニック

グルーでのアクセサリー製作は初心者でも楽しめます。
ただ上級者向けの繊細な作品に挑戦するときは、
ポイントをしっかり押さえると、仕上がりが断然きれいです。
ぜひこの章のプラステクニックを参考にして、
自慢したくなる作品を作ってください。

プラステクニック 1 グルーを混色する

異なった色のグルー（A剤）同士を混ぜて、新しい色を作ります。
組み合わせや割合を変えれば、自分だけの色も作り出せます。

モデル作品

10 ◆ スクエアフェイスリング
ニュアンスカラーのチャトンに合わせて、グルーもほんのりピンク色です。

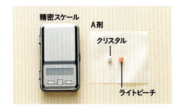

1 クリスタルとライトピーチのグルー（A剤）を用意し、精密スケールで量ります。

2 それぞれ0.18gずつ計量します。

3 A剤同士をよく混ぜ、でき上がった色を確認します。

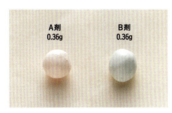

4 A剤と同量のB剤を用意します。

5 A剤とB剤をよく混ぜます。

モデル作品のデータ

10 ◆ スクエアフェイスリング

写真p.27　製作時間 40分　レベル ★★★★★　寸法 1.2×1.2cm　[ベース＋立体]

- シルク（PP10）
- リングベース
- 中心から

材料

〈ベース用パーツ〉
リングベース　シンプル石座リング
ロジウムカラー（銀）

〈グルー〉
A0.36g（クリスタル0.18g＋
ライトピーチ0.18g）＋
B0.36g＝0.72g

〈本体用パーツ〉
スワロフスキー・チャトン
シルク PP10…約65個

道具
基本の道具（p.6）

バリエーション
グルー、本体用パーツを変更しています

〈グルー〉
クリスタル
〈本体用パーツ〉
クリスタル

〈グルー〉
モンタナ
〈本体用パーツ〉
モンタナ

作り方

1 上記1～5の手順でグルーを混ぜます。
2 p.15の1～5を参照して、リングベース内にグルーをドーム形にのせます（写真）。
3 トップの中心から隙間なく、チャトンを置きます。**4** ベースをアルコール入りウェットティッシュで拭き、グルーを24時間硬化させて完成。

ふっくらドーム形に

リングベースにグルーを立体的にのせます。

プラステクニック 2 グルー面に下絵を転写する

複雑な図案では、見本を横目にフリーハンドでチャトンを置いていくのは大変です。
図案をグルーの表面に転写すれば、かんたん、正確に製作できます。

モデル作品

37 ◆ ハートのサークルチャーム
クリスタルにバイオレットのハートを浮かべたチャームです。

1 p.12の2〜8を参照して、ベース部分のグルーのA剤とB剤をよく混ぜ、ミール皿にのせます。

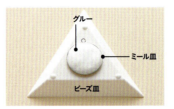

2 下絵のコピーにトレーシングペーパーを重ね、細めのマジックペンで、下絵をなぞって写します。

3 トレーシングペーパーを裏返し、写したラインを2B以上の鉛筆またはチャコペンで再びなぞります。

4 再びトレーシングペーパーを裏返し、ミール皿の上のグルーに重ねます。

5 上から指で丁寧に線を押さえます。

6 トレーシングペーパーをグルーがよれないようにはがします。

7 グルーの表面に下絵が転写されました。

Point きれいに転写するには

トレーシングペーパーを横方向にはがすと、線のゆがみが少なくてすみます。また、グルーがやわらかすぎてトレーシングペーパーをはがしにくい場合は、冷凍庫に10〜15分入れて冷やすとグルーがかたくなり、はがしやすくなります。

プラステクニック 3 グルー面を色分けする

チャトンだけでなく、グルー自体もひとつの作品の中でさまざまなカラーを組み合わせることができます。

1 ハート部分のグルーのA剤とB剤をよく混ぜ、転写したラインに従って、つまようじでベース部分のグルーがよれないよう、のせていきます。

2 グルーの表面に指を滑らすようにして、厚みが均一になるよう整えます。

3 ハート部分とベース部分の高さが同じになるよう、なじませます。

プラステクニック 4
グルー面にチェーンを置く

チェーンはクリスタルであるチャトンとは違って、メタルのシャープな質感が魅力的。
グルー面の色と色との境界線に置くと、両方の色をより鮮やかに際立たせてくれます。

1 ボールチェーンを巻き始めの位置から、模様に合わせて置きます。

（チェーン巻き始め位置／ピンセット）

2 ハートの最下部でチェーンをニッパーで一度カットし、同様に右半分も置きます。

（カット位置）

モデル作品のデータ

37 ◆ ハートのサークルチャーム
製作時間 40分　レベル ★★★☆☆　寸法 直径2.5cm　[ベース＋平面]

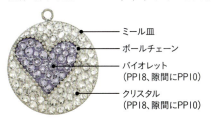

- ミール皿
- ボールチェーン
- バイオレット（PP18、隙間にPP10）
- クリスタル（PP18、隙間にPP10）

下絵

作り方
1 プラステクニック2～4の手順で製作します。**2** グルーのハート部分にバイオレットのチャトンを（写真）、ベース部分にクリスタルのチャトンを置きます。**3** ミール皿をアルコール入りウェットティッシュで拭き、グルーを24時間硬化させて完成。

PP18を1周置く

ボールチェーンの内側に、バイオレットのチャトンを1周させて置いていきます。

材料

〈ベース用パーツ〉	ミール皿（直径2.5cm）
〈グルー〉	**ベース部分** クリスタル A1.4g＋B1.4g＝2.8g **ハート部分** バイオレット A0.5g＋B0.5g＝1.0g
〈本体用パーツ〉	スワロフスキー・チャトン **ベース部分** クリスタル PP18…約45個、PP10…約20個 **ハート部分** バイオレット PP18…約25個、PP10…約8個 ボールチェーン（1.2mm）シルバー…約10cm

道具　基本の道具（p.6）、下絵のコピー、鉛筆またはチャコペン、マジックペン、トレーシングペーパー、ニッパー、ピンセット

COLUMN ◆

グルーの混色について

チャトンの色に合わせてA剤を混色し、好みの色を作れるのがグルーの大きな魅力です。白、黒、黄、青、赤があれば、多彩な色が作れます。でも混色するのは面倒という方には、使いたいチャトンと同じ名前のグルーを買うのがオススメ。もともとチャトンの色に合わせて作られているので、地のグルーが見えてもチャトンとマッチしてきれいに見えます。

プラステクニック 5 全周タイプのリングを作る

全周にぐるりとストーンが置かれるデザインから「Eternity（永遠）」という名で永遠の愛の象徴とされ、今や定番となったリング。初心者でもかんたんに作れます。

モデル作品

09 ◆ エタニティリング
同じ形のストーンを一列に並べたシンプルなリングです。

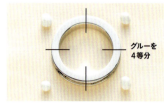

1 グルーのA剤とB剤をよく混ぜ、4等分します。

（グルーを4等分）

2 ¼ずつ、4回に分けてリングの溝にグルーをのせます。グルーは溝の深さの半分までにします。

（半分の高さまで）

3 指定の数の通り入るように、ストーンの間隔を調整しながら置きます。ストーンとベースの縁の高さを揃えます。

（縁と同じ高さに）

Point グルーを分割する

小さな作品で、使用するグルーも少量ですが、このようにあらかじめ分割して¼ずつ作業することでグルーの厚みが均一になり、手早く正確に作ることができます。

モデル作品のデータ

09 ◆ エタニティリング

写真p.26　製作時間 30分　レベル ★☆☆☆☆　寸法 0.5×2.4cm　［ベース＋平面］

◆ スクエア（シルバー）

リングベース
ファンシーストーン クリスタル スクエア（3×3mm）

［材料］
〈ベース用パーツ〉
エタニティリングS Ⓦ
〈グルー〉
クリスタル A0.15g＋B0.15g＝0.30g
〈本体用パーツ〉
スワロフスキー・ファンシーストーン クリスタル スクエア（3×3mm）…24個

［道具］
基本の道具（p.6）

［バリエーション］
ベースをゴールドに変更しています

作り方

1 上記1〜3の手順で製作します。**2** ストーンの高さや向きを整え、はみ出したグルーを取り除きます。**3** ベースをアルコール入りウェットティッシュで拭き、グルーを24時間硬化させて完成。

※ゴールドは著者によりメッキ加工済み（以下同）

◆ バケット（シルバー）

製作時間 30分　レベル ★☆☆☆☆

ファンシーストーン クリスタル バケット（7×3mm）

7×3mmのバケット形を10個置いています。

［バリエーション］
ベースをゴールドに変更しています

◆ パヴェ　製作時間 40分　レベル ★★☆☆☆

クリスタル（PP9）
1段目、2段目を互い違いに置く

PP9のチャトン約100個を2段に置いています。スクエア、バケットより小さなストーンを使うため、グルーはA0.17g＋B0.17gで、ベースの縁よりやや低くなるようのせます。

［バリエーション］
グルー、本体用パーツを変更しています

〈グルー〉
クリスタル＋ライトコロラド トパーズ
〈本体用パーツ〉
クリスタル ゴールデンシャドウ

大きなチャトンを置く

プラステクニック 6

ビジューと呼ばれるタイプのチャトンは、通常使用するPP18やPP10とは段違いの大きさです。
大きなチャトンは置いていく順番に注意しましょう。

モデル作品

22 ◆ ビジューリング
大粒のチャトンの色と輝きが楽しいリング。

1 p.51の1～3を参照してグルーのA剤を混色します。A剤とB剤をよく混ぜ、リングベースのフレームにのせます。

Point 大きなチャトンをつかむ

バキュームピンセットでは、大きなチャトンやファンシーストーンは重すぎてつかめないことがあります。ピンセット、またはつまようじの先に両面テープを巻きつけたものを使うと便利です。

2 配置例を参照して、SS31、SS29の順にチャトンを置きます。残りのスペースにPP24とPP18をバランスよく置き、グルーが見えている隙間をPP10で埋めます。

3 大きなチャトンは完全には埋め込まず、軽く浮かせるようにします。すべて置き終えたら、きれいなカーブになるよう、チャトンの高さや向きを整えます。

Point グルーの盛り上がりに注意

大きなチャトンを埋め込むと、その分グルーが盛り上がって先に置いた石が動くことがあります。そのため必ず大きいチャトンから置いていきます。グルーの盛り上がりに注意しながら、バランスよく置きましょう。

モデル作品のデータ

22 ◆ ビジューリング

写真p.37　製作時間 40分　レベル ★★★☆☆　寸法 1.6×2.6cm　[ベース+立体]

配置例

- SS39　ⓐ ヴィンテージローズ
- SS29　ⓑ ローズウォーターオパール
- PP24　ⓒ クリスタルムーンライト
- PP18
- PP10

材料

〈ベース用パーツ〉
ボリュームリング シルバーⓌ

〈グルー〉
A0.8g（クリスタル0.4g＋ライトローズ0.4g）＋B0.8g＝1.6g

〈本体用パーツ〉
スワロフスキー・チャトン
ⓐ ヴィンテージローズ SS39…1個、SS29…3個、PP24…2個、PP18…1個、PP10…2個
ⓑ ローズウォーターオパール SS39…1個、SS29…3個、PP24…2個、PP18…1個、PP11…2個
ⓒ クリスタルムーンライト SS39…1個、SS29…2個、PP24…2個、PP18…1個、PP10…2個

道具

基本の道具（p.6）、ウレタンフォームまたはキッチンペーパー、ピンセット

作り方

1 上記1～3の手順で製作します。**2** ベースをアルコール入りウェットティッシュで拭き、グルーを24時間硬化させて完成。

バリエーション グルー、本体用パーツを変更しています

〈グルー〉
クリスタル＋インディコライト

〈本体用パーツ〉
ⓐ ライトアゾレ　ⓑ ブラックダイヤモンド　ⓒ クリスタルブルーシェード

〈グルー〉
クリスタル＋ライトコロラドトパーズ＋ジェット

〈本体用パーツ〉
ⓐ クリスタルシルバーシェード
ⓑ サンドオパール　ⓒ グレージュ

プラステクニック 7 パイプ形のベースで作る

中央にチェーンを通せるパイプ形のベースに
グルーデコを施す方法をご紹介します。

モデル作品

24 ◆ マカロニネックレス
元はハードな印象のパイプ形パーツを華やかに変身させました。

1 ベースとなるパイプの両端の穴につまようじをしっかり差し込み、持ち手にします。

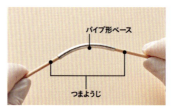

2 グルーをよく混ぜ、4等分します。

3 4等分したグルーを、パイプの1/4ずつに分けてのせます。

4 全体が均一な厚みになるよう、指でやさしくたたいてグルーを整えます。

5 チャトンを1段につき8〜9個置きます。2段目は1段目のチャトン同士の中間に、隙間なく8〜9個置きます。同様に20〜22段置き、最後に形を整えます。

モデル作品のデータ

24 ◆ マカロニネックレス

写真p.39 製作時間 80分 レベル ★★★★☆ 寸法 0.6×4.0cm（パーツ部分） ベース＋平面

材料	
〈ベース用パーツ〉	デザイン曲パイプ マット ロジウムカラー（約2.2×36mm）貫
〈グルー〉	クリスタル A0.4g＋B0.4g＝0.8g
〈本体用パーツ〉	スワロフスキー・チャトン ⓐ クリスタル PP13…約75個 ⓑ ライトサファイヤ PP13…約75個 ⓒ ライトローズ PP13…約20個 ⓓ サファイヤ PP13…約30個
道具	基本の道具（p.6）

作り方

1 上記1〜5の手順で製作します。　**2** グルーを24時間硬化させた後、チェーンを通してネックレスに加工して完成。

バリエーション グルー、本体用パーツを変更しています

〈グルー〉
クリスタル
〈本体用パーツ〉
クリスタル

〈グルー〉
クリスタル＋ライトピーチ
〈本体用パーツ〉
シルク

〈グルー〉
クリスタル
〈本体用パーツ〉
クリスタルAB、ヴィンテージローズ、ローズウォーターオパール

〈グルー〉
クリスタル
〈本体用パーツ〉
クリスタル、ローズ、ライトローズ、ライトサファイヤ

プラステクニック 8 大きな作品を作る

大きなフリーセッティング作品を作るときは、仕上がりイメージを大事にして、丁寧に成形することが何より重要です。

モデル作品

12 ◆ ヴィンテージリボン
愛らしいリボンを、小粒のチャトンでエレガントに仕上げました。

1 p.18の1を参照して下絵を準備します。グルーはパーツごとにそれぞれ指定通りに計量して、分けておきます。

2 分けておいたグルーを❶〜❺に順にのせます。中央をふっくら、縁をうすめにして、立体感をつけます。

3 グルーの外周に沿わせるように、写真を参照して、ニッパーでパーツごとに角でカットしたボールチェーンを置きます。

4 続けて、AとBの位置にボールチェーンを置きます（わかりやすくするためチェーンの色を変えていますが、実際はすべて同じ色のチェーンです）。

モデル作品のデータ

12 ◆ ヴィンテージリボン

写真p.29　製作時間 100分　レベル ★★★★☆　寸法 5.0×7.0cm　[フリーセッティング]

材料
〈グルー〉
A3.7g（ライトコロラドトパーズ2.0g+クリスタル1.7g）+B3.7g=7.4g

〈本体用パーツ〉
スワロフスキー・チャトン
　ⓐクリスタルゴールデンシャドウ PP18…約60個、PP10…約10個
　ⓑクリスタルローズゴールド PP10…約55個
　ⓒスワロフスキー・クリスタルパール ブライトゴールド（直径3mm）…約35個
　ⓓメタルビーズ（2mm）ゴールド…約75個
ボールチェーン ゴールド（1.5mm）…約85cm、小判チェーン ゴールド（細）…約15cm

〈加工用パーツ〉
フェルト（6×8cm）、ブローチピン

道具
基本の道具（p.6）、下絵のコピー、クリアファイル、セロハンテープ、鉛筆またはチャコペン、ニッパー、はさみ、木工用ボンド

作り方

1 上記1〜4の手順で製作します。**2** ボールチェーンに沿って、ⓓを置きます。同様に、ⓓに沿って、ⓐPP18、PP10を置きます。**3** 写真を参照して、ⓒ、ⓑ、小判チェーンの順に置きます。**4** 8〜10時間後、硬化途中のまだやわらかさが残るタイミングで、手でカーブをつけて立体感を出します。**5** グルーを24時間硬化させた後、p.19のコラム1〜9を参照してブローチ加工したら完成。

バリエーション
グルー、本体用パーツを変更しています

〈グルー〉
クリスタル+ジェット
〈本体用パーツ〉
ⓐブラックダイヤモンド
ⓑクリスタルシルバーシェード
ⓒライトグレー　ⓓロジウム
チェーン類 シルバー

プラステクニック 9 — 大型で立体の作品を作る

大きく、立体的な作品は、パートごとに分割し、
ひとつずつを平面的なフリーセッティング作品として作り、最後に合体させます。

モデル作品

13 ◆ カメリアのブローチ
何枚もの花びらを重ねたボリュームのある立体的なデザイン。

下絵

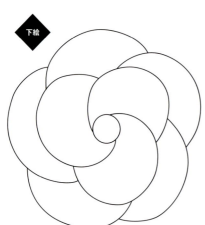

グルー分割図

1段目（中央部）
グルー0.4g

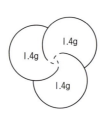

2段目
グルー4.2g
（花びら1枚分1.4g、計3つに分ける）

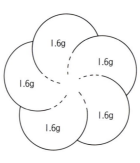

3段目
グルー8.0g
（花びら1枚分1.6g、計5つに分ける）

配置例

- クリスタルシルバーナイト
- グルーはドーム形に
- ボールチェーン

1段目

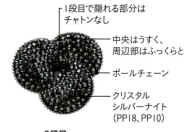

- 1段目で隠れる部分はチャトンなし
- 中央はうすく、周辺部はふっくらと
- ボールチェーン
- クリスタルシルバーナイト（PP18、PP10）

2段目

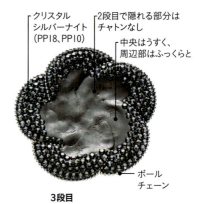

- クリスタルシルバーナイト（PP18、PP10）
- 2段目で隠れる部分はチャトンなし
- 中央はうすく、周辺部はふっくらと
- ボールチェーン

3段目

COLUMN ◆ バキュームピンセットのお手入れ

グルーが硬化を始める2時間以内の作業で効率的に小さなチャトンをつかむには、電動で吸着する「バキュームピンセット」は欠かせない便利な道具です。ただ綿ぼこりやグルーがバキュームのノズルにつまると吸着力が弱まったり、本体の故障の原因になったりします。使い終わったら、手芸店で売っているテグスや細いワイヤーなどをノズルに貫通させて掃除しましょう。

1 p.18の1を参照して下絵を準備します。p.57のプラステクニック8の作り方2〜3を参照して、左ページのグルー分割図と配置例のように、それぞれチャトンを置くところまで製作します。

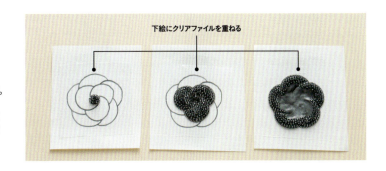

下絵にクリアファイルを重ねる

2 1〜3段目をクリアファイルごと冷凍庫で冷やし、一時的に固めます（10〜15分が目安）。

3 かたくなったら冷凍庫から取り出し、2段目をクリアファイルからはがします（グルーは、室温下ではすぐにやわらかくなるため、かたい間に手早く作業します）。

4 下絵を参考に、花びらの重なるバランスを調整しながら、手早く3段目に重ねます（もし作業中にやわらかくなってしまったら、再び冷凍庫に入れて固めます）。

5 さらに、1段目を2段目の中央に置きます。

6 グルーが元のかたさに戻ったら、浮かないよう軽く押さえます。同時に、チャトンの浮きや重なりも調整します。

モデル作品のデータ

13 ◆ カメリアのブローチ

写真p.30　製作時間 100分　レベル ★★★★☆　寸法 5.4×5.4cm　フリーセッティング

クリスタル
シルバーナイト
（PP18、PP10）

ボールチェーン

材料		
	〈グルー〉	A6.3g（クリスタル3.3g＋ジェット3.0g）＋B6.3g＝12.6g
	〈本体用パーツ〉	スワロフスキー・チャトン クリスタルシルバーナイト 1段目（中央部）PP18…約15個、PP10…約5個 2段目 同 PP18…約150個、PP10…約15個 3段目 同 PP18…約180個、PP10…約20個 ボールチェーン（1.2mm）シルバー…約45cm
	〈加工用パーツ〉	フェルト（6×6cm）、ブローチピン

道具	
	基本の道具（p.6）、下絵のコピー3枚、クリアファイル3枚、セロハンテープ、鉛筆またはチャコペン、ニッパー、ピンセット、はさみ、木工用ボンド

作り方

1 上記1〜6の手順で製作します。　2 グルーを24時間硬化させた後、p.19の1〜9を参照してブローチ加工したら完成です。

Chapter 3 | Plus Technics

プラステクニック 10 ボールに文字を入れる

難易度が高いボールに、さらに文字を入れる凝ったデザインです。
ここまでにご紹介したテクニックを駆使して
丁寧に工程を追えば、素敵な作品ができ上がります。

32 ◆ ロゴボール（LUXE）
大粒チャトンとメッセージの組み合わせがチャーミング。

1 文字部分用のグルーのA剤とB剤をよく混ぜ、文字部分のサイズに合わせてラップの上にうすくのばします。

2 下絵のコピーにトレーシングペーパーを重ねて、輪郭を2B以上の鉛筆またはチャコペンでなぞります。

3 トレーシングペーパーを裏返し、なぞった面をグルーに重ねてのせます。

4 グルーに文字が写るように軽く押さえて、トレーシングペーパーをそっとはがします。

5 文字部分だけを残して、不要なグルーをつまようじで取り除きます。

6 写真のように、文字が反転している状態になっているか確認します。

7 p.21の1〜5を参照して、グルーでボールを作ります。ボールの穴を上にして持ち、文字の位置を決め、6をラップごと重ねます。

8 ラップの上から、ボールの形を壊さないように軽く押さえます。

9 ラップをそっとはがします。うまくはがれない場合は、一度冷凍庫に入れてグルーをかたくします。

10 指で、ベースと文字を軽くなじませます。

Point 難易度No.1作品に挑戦

モデル作品は、文字部分とベース部分それぞれのグルーを混ぜる時間をずらし、ひとつの作品でありながら、フリーセッティングとボールという2つの高度なテクニックを盛り込んでいます。いろいろ練習して、フリーセッティング、ボールのどちらも作れる自信がついたら、ぜひチャレンジしてみてください。

モデル作品のデータ

32 ◆ ロゴボール（LUXE）

写真p.47　製作時間 120分　レベル ★★★★　寸法 3.0cm（ボール）　フリーセッティング　ボール

- バッグチャーム
- クリスタル（PP18、PP10）
- ヒートン
- ライトコロラドトパーズ

材料

〈ベース用パーツ〉	ボール芯（素ボール・30mm）
〈グルー〉	**ベース部分**　ライトコロラドトパーズ A3.3g＋B3.3g＝6.6g **文字部分**　クリスタル A0.5g＋B0.5g＝1.0g **接着用**　ライトコロラドトパーズ A0.04g＋B0.04g＝0.08g
〈本体用パーツ〉	スワロフスキー・チャトン **ベース部分**　ライトコロラドトパーズ PP24…約350個、PP18…20〜30個、PP10…10〜20個 **文字部分**　クリスタル PP18…約50個、PP10…約40個
〈加工用パーツ〉	ヒートン ゴールド①、バッグチャーム⑥

道具

基本の道具（p.6）、下絵のコピー、鉛筆またはチャコペン、トレーシングペーパー、モルド、ラップ、つまようじ

作り方

1 左ページ1〜10の手順で製作します。
2 文字部分にチャトンを置き、次に、文字の周囲をベース部分のチャトンで1周させて囲みます。　3 ベース部分にチャトンのPP24を中心に置き、PP18、PP10で隙間を埋めます。　4 モルドで形を整え、グルーを24時間硬化させた後、p.22のコラム「ヒートンをつける」を参照してヒートンをつけます。　5 バッグチャームをつけたら完成です。

バリエーション　デザイン、グルー、本体用・加工用パーツを変更しています

下絵
LUXE
LOVE

〈グルー〉	**ベース部分** クリスタル＋ジェット
〈本体用パーツ〉	クリスタルシルバーナイト
〈加工用パーツ〉	ヒートン シルバー、バッグチャーム シルバー

COLUMN ◆

おすすめパーツ、コットンパール

コットンパールは綿を球状に圧縮して、表面を光沢加工したフェイクパール。凹凸のある表面がアンティーク風で温かみがあり、軽いのが特長。以前に比べて、サイズも豊富で値段もぐっと手頃になりました。穴を広げやすく、手作りアクセサリーに適したパーツです。ホワイト以外にもピンクやグレー、淡黄色のキスカなど色とりどりで、球形以外にドロップ形などもあります。スワロフスキーと相性がよく、組み合わせて使えばフェミニンさとフォーマルなニュアンスが加わります。

HOW TO MAKE
各作品の作り方

p.24〜49に掲載した作品の作り方を紹介します。
まずは作品の材料と道具、作り方の全体の流れを把握して、
必要なものを揃えてから作業を始めるとスムーズです。

※寸法はモチーフ部分を正面から測ったときの縦幅と横幅の最大寸法です。
※材料の名称や種類、色は、発売時期や店舗によって異なる場合があります。
※製作時間は目安です。本体用パーツは硬化が始まる2時間以内に置き終えましょう。

---

05 ◆ コットンパールとボールのネックレス

写真p.24　製作時間 90分　レベル ★★★★★　寸法 直径1.8cm 〔ボール〕

- ボールチェーン
- クリスタル（PP18）
- コットンパール ホワイト（20mm）

バリエーション　グルー、本体用・加工用パーツを変更しています

〈グルー〉
クリスタル＋ライトコロラドトパーズ
〈本体用パーツ〉
クリスタルゴールデンシャドウ
〈加工用パーツ〉
コットンパール キスカ、チェーン類 ゴールド

材料

〈ベース用パーツ〉
ボール芯（アクリルビーズ・16mm）
〈グルー〉
クリスタル A0.95g＋B0.95g＝1.90g
〈本体用パーツ〉
スワロフスキー・チャトン
クリスタル PP18…約220個
〈加工用パーツ〉
コットンパール ホワイト（20mm）…1個
※以下、すべてシルバー
ボールチェーン（1.5mm）…80cm、
Vカップ（1.5mm）…2個、
丸カン…2個、カニカン…1組

道具
基本の道具（p.6）、スタンド類、モルド、
目打ち、平ヤットコ、ニッパー

作り方

1 p.21〜22の1〜11とp.22のコラム「チェーンを通す」1を参照して、上下両方に穴があいたボールを作ります。2 コットンパールはチェーンが通るように細い目打ちなどで穴を広げます。ボールとコットンパールにボールチェーンを通し（写真1）、両端をVカップ、丸カン、カニカンで処理（写真2）したら完成です。

ボールにボールチェーンを通します。

チェーンの両端を処理して完成。

---

07 ◆ ボールのロングネックレス

写真p.25　製作時間 90分　レベル ★★★★★　寸法 直径1.2cm 〔ボール〕

- ボールチェーン
- クリスタル（PP10）

材料

〈ベース用パーツ〉	ボール芯（アクリルビーズ・10mm）
〈グルー〉	クリスタル A0.36g＋B0.36g＝0.72g
〈本体用パーツ〉	スワロフスキー・チャトン クリスタル PP10…約190個
〈加工用パーツ〉	※以下、すべてシルバー ボールチェーン（1.0mm）…60cm、Vカップ（1.0mm）…2個、丸カン…2個、カニカン…1組

道具
基本の道具（p.6）、スタンド類、モルド、
平ヤットコ、ニッパー

作り方

1 p.21〜22の1〜11とp.22のコラム「チェーンを通す」1を参照して、上下両方に穴があいたボールを作ります。2 ボールにボールチェーンを通し、両端をVカップ、丸カン、カニカンで処理したら完成です。

バリエーション　グルー、本体用・加工用パーツを変更しています

〈グルー〉
クリスタル＋ライトコロラドトパーズ
〈本体用パーツ〉
クリスタルゴールデンシャドウ
〈加工用パーツ〉　ゴールド

06 ◆ コットンパールとボールのペアリング　写真p.24　ベース＋立体

◆ ボールのリング
製作時間 40分　レベル ★★★☆☆　寸法 直径1.0cm

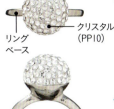
リングベース／クリスタル（PP10）

材料
〈ベース用パーツ〉
リングベース シルバー㋕
〈グルー〉
クリスタル A0.4g＋B0.4g＝0.8g
〈本体用パーツ〉
スワロフスキー・チャトン
クリスタル PP10…約100個

道具
基本の道具 (p.6)

作り方
1 グルーをよく混ぜて丸め、リングベースのカップにのせて底部まで入れ、ドーム形に成形します（写真）。2 トップからカップの縁へと、円周状にチャトンを置いていきます。特にトップ部分のバランスに気をつけます。3 はみ出したグルーをアルコール入りウェットティッシュで拭き取り、グルーを24時間硬化させて完成です。

バリエーション

ベース、グルー、本体用パーツを変更しています

〈ベース〉ゴールド
〈グルー〉クリスタル＋ライトコロラドトパーズ
〈本体用パーツ〉クリスタルゴールデンシャドウ

ふっくらドーム形に
カップの底までしっかりと入れます。

◆ パールのリング
製作時間 20分　レベル ★☆☆☆☆　寸法 直径1.6cm

材料
〈ベース用パーツ〉
リングベース シルバー㋕
〈グルー〉
クリスタル A0.2g＋B0.2g＝0.4g
〈本体用パーツ〉
コットンパール ホワイト（片穴14mm）…1個

道具
基本の道具 (p.6)

作り方
1 グルーをよく混ぜ、リングベースのカップに適量をのせます。2 コットンパールの穴のあるほうを1に接着します（写真）。はみ出したグルーを待ち針やつまようじで取り除き、グルーを24時間硬化させて完成です。

バリエーション

ベース、本体用パーツを変更しています

〈ベース〉ゴールド
〈本体用パーツ〉コットンパール キスカ

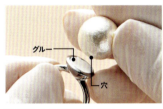
グルー／穴
穴のあいたほうを接着します。

---

08 ◆ コットンパールとボールのピアス
写真p.25　製作時間 60分　レベル ★★★★★　寸法 直径1.1cm（ボール）　ボール

クリスタル（PP10）／コットンパールつきピアスキャッチ

材料
〈ベース用パーツ〉
ボール芯（アクリルビーズ・8mm）…1個
〈グルー〉
ボール用 クリスタル A0.18g＋B0.18g＝0.36g
接着用 クリスタル A0.05g＋B0.05g＝0.1g
〈本体用パーツ〉
スワロフスキー・チャトン
クリスタル PP10…約140個
〈加工用パーツ〉
ピアス芯立（5mm）…1個㋸
コットンパールつきピアスキャッチ ホワイト（20mm）…1個

道具
基本の道具 (p.6)、スタンド類、モルド
※材料は1個分です。

作り方
1 p.21～22の1～11を参照して、ボールを作ります。2 接着用のグルーをよく混ぜ、p.22のコラム「ヒートンをつける」を参照して、ピアス芯立とボールの穴につけて接着します（写真）。はみ出したグルーを待ち針やつまようじで取り除き、グルーを24時間硬化させて完成です。

バリエーション

グルー、本体用・加工用パーツを変更しています

〈グルー〉クリスタル＋ライトコロラドトパーズ
〈本体用パーツ〉クリスタルゴールデンシャドウ
〈加工用パーツ〉コットンパールつきピアスキャッチ キスカ

グルーで接着
パーツとボールの接着にも、グルーを少量使います。

11 ◆ クラシカルボウブローチ

写真p.28　製作時間 100分　レベル ★★★★☆　寸法 5.0×7.0㎝　フリーセッティング

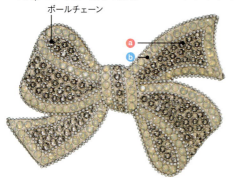
ボールチェーン
ⓐ
ⓑ

材料

〈グルー〉	A4.0g（クリスタル3.0g＋スモークトパーズ0.85g＋ジェット0.15g）＋B4.0g＝8.0g
〈本体用パーツ〉	スワロフスキー・チャトン **ⓐリボンの内側部分** 　グレージュ 　　PP18…約130個、PP10…約40個 **ⓑリボンの外周部分** 　ライトグレーオパール 　　PP18…約110個、PP10…約10個 ボールチェーン（1.0mm）シルバー…約80㎝
〈加工用パーツ〉	フェルト（5×7㎝）、ブローチピン

道具

基本の道具（p.6）、下絵のコピー、クリアファイル、セロハンテープ、鉛筆またはチャコペン、ニッパー、ピンセット、はさみ、木工用ボンド

作り方

1　p.18の1を参照して下絵の準備をします。　2　グルーをよく混ぜて計量し、分割見本通りの分量に分けます。　3　写真1の❶〜❺の順に、下絵に合わせて中央を少し厚めに、縁はうすめにグルーをのせます。　4　ボールチェーンをリボンの縁に、写真1の❶〜❺の順に、❶と❷はそれぞれの角でカットし、残りは1周させて置きます。　5　写真2の通りにチェーンを置きます。　6　リボンの外周部分にⓑのPP18をメインに、隙間にPP10を置きます。　7　リボンの内側部分にⓐのPP18をメインに、隙間にPP10を置きます。　8　8〜10時間後、硬化途中のまだやわらかいうちに、やさしく押して立体的なカーブをつけます（写真3）。　9　グルーを24時間硬化させた後、p.19のコラム1〜9を参照してブローチ加工したら完成です。

グルー分割見本

❶〜❺のそれぞれ中央を厚めに、縁はうすめにしてふっくらしたリボンに仕上げます。

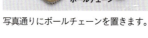
ボールチェーン

写真通りにボールチェーンを置きます。

中心を持ち、やわらかいうちに軽くカーブをつけて、立体感を出します。カーブがきついと、ブローチピンがセットできなくなるので注意してください。

バリエーション

グルー、本体用パーツを変更しています

〈グルー〉クリスタル
〈本体用パーツ〉
ⓐクリスタルムーンライト
ⓑホワイトオパール

〈グルー〉ジェット
〈本体用パーツ〉
ⓐジェット
ⓑジェットヘマタイト

14 ◆ ローズのブローチ

写真p.30　製作時間 100分　レベル ★★★★☆　寸法 5.3×5.2cm　[フリーセッティング]

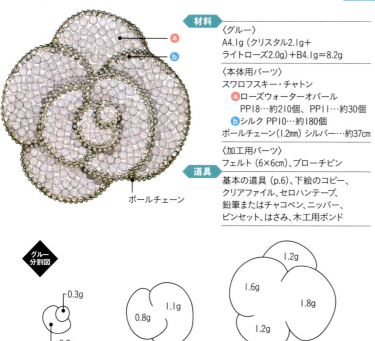

材料

〈グルー〉
A4.1g（クリスタル2.1g＋
ライトローズ2.0g）＋B4.1g＝8.2g

〈本体用パーツ〉
スワロフスキー・チャトン
　ⓐローズウォーターオパール
　　　PP18…約210個、PP11…約30個
　ⓑシルク PP10…約180個
ボールチェーン（1.2mm）シルバー…約37cm

〈加工用パーツ〉
フェルト（6×6cm）、ブローチピン

道具

基本の道具（p.6）、下絵のコピー、
クリアファイル、セロハンテープ、
鉛筆またはチャコペン、ニッパー、
ピンセット、はさみ、木工用ボンド

作り方

1 p.18の1を参照して下絵の準備をします。 2 グルーのA剤を混色し、B剤とよく混ぜます。 3 グルーを分割図通りの分量に分け、p.58のプラステクニック9の配置例を参照して1段目の下絵にのせます。 4 3の周囲にボールチェーンを置き、チェーンの内側にⓑを置きます。さらに残りのスペースにⓐのPP18をメインに、隙間にPP11を置きます。 5 グルーを2段目の下絵に1枚分ずつのせます。縁はふっくら立体的に、中央はうすくします。 6 5の中央をよけて、ボールチェーンを花びら1枚分ずつカットしながら周囲に置き、同様にチャトンを置きます。3段目も同様に作ります。 7 p.59の2〜3を参照して1〜3段目を冷やし、クリアファイルからはがします。 8 1段目を2段目の中心に手早く重ねます。さらに2段目を、作品写真通りのバランスになるよう3段目に重ねます（もし作業中にやわらかくなってしまったら、再び冷凍庫に入れて固めます）。 9 グルーが元のかたさに戻ったら、浮かないよう1段目を軽く押さえて、同時にチャトンの浮きや重なりも調整します。 10 グルーを24時間硬化させた後、p.19のコラム1〜9を参照してブローチ加工したら完成です。

18 ◆ フラワークロスのブローチ

写真p.33　製作時間 80分　レベル ★★★☆☆　寸法 5.4×5.4cm　[フリーセッティング]

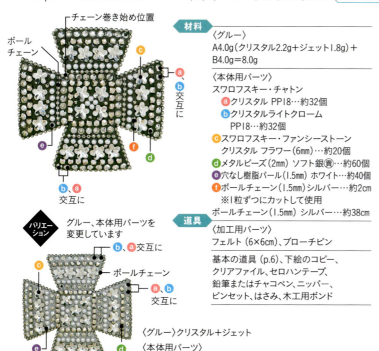

材料

〈グルー〉
A4.0g（クリスタル2.2g＋ジェット1.8g）＋
B4.0g＝8.0g

〈本体用パーツ〉
スワロフスキー・チャトン
　ⓐクリスタル PP18…約32個
　ⓑクリスタルライトクローム
　　　PP18…約32個
　ⓒスワロフスキー・ファンシーストーン
　　　クリスタル フラワー（6mm）…約20個
　ⓓメタルビーズ（2mm）ソフト銀貨…約60個
　ⓔ穴なし樹脂パール（1.5mm）ホワイト…約40個
　ⓕボールチェーン（1.5mm）シルバー…約2cm
　　※1粒ずつにカットして使用
ボールチェーン（1.5mm）シルバー…約38cm

〈加工用パーツ〉
フェルト（6×6cm）、ブローチピン

基本の道具（p.6）、下絵のコピー、
クリアファイル、セロハンテープ、
鉛筆またはチャコペン、ニッパー、
ピンセット、はさみ、木工用ボンド

〈グルー〉クリスタル＋ジェット
〈本体用パーツ〉
すべて基本と同じです

作り方

1 p.18の1を参照して下絵の準備をします。 2 p.18の2〜3を参照してグルーをよく混ぜ、下絵に合わせてのせます。 3 ボールチェーンを巻き始め位置を始点に、それぞれの角でカットして外周に置きます。 4 作品写真を参照してⓐ〜ⓔ、ボールチェーンを置きます。 5 8〜10時間後、硬化途中のまだやわらかいうちに、やさしく押して立体的なカーブをつけます（写真）。 6 24時間硬化させた後、p.19のコラム1〜9を参照してブローチ加工したら完成です。

中心を持ち、やわらかいうちに軽くカーブをつけて、立体感を出します。カーブがきついと、ブローチピンがセットできなくなるので注意してください。

15 ◆ モザイク風バレッタ

写真p.31　製作時間 60分　レベル ★★★★★　寸法 1.5×8.4cm　〔ベース＋平面〕

◆ ホワイトモザイク

材料

〈ベース用パーツ〉　シャワーバレッタ ニッケル（貴）

〈グルー〉　クリスタル A2.0g＋B2.0g＝4.0g

〈本体用パーツ〉
スワロフスキー・ファンシーストーン
ⓐクリスタル バケット（7×3mm）…19個 ⓑクリスタル スクエア（2×2mm）…8個
ⓒクリスタル オーバル（6×4mm）…8個 ⓓクリスタル フラワー（6mm）…8個
ⓔクリスタル スクエア（3×3mm）…2個 ⓕホワイトオパール スクエア（3×3mm）…6個
ⓖ穴なし樹脂パール（2.0mm）ホワイト…19個 ⓗ同（1.5mm）…16個

道具　基本の道具（p.6）、ニッパー、ピンセット

◆ ウォーターブルー

材料

〈ベース用パーツ〉　シャワーバレッタ ニッケル（貴）

〈グルー〉　クリスタル A2.0g＋B2.0g＝4.0g

〈本体用パーツ〉
スワロフスキー・ファンシーストーン ⓐクリスタル バケット（7×3mm）…3個 ⓑクリスタル スクエア（3×3mm）…3個 ⓒクリスタル スクエア（2×2mm）…12個 ⓓクリスタル オーバル（6×4mm）…6個 ⓔクリスタルAB バケット（7×3mm）…4個 ⓕホワイトオパール スクエア（3×3mm）…9個 ⓖホワイトオパール クッションカット（10×10mm）…3個 ⓗライトアゾレ オーバル（4×6mm）…4個 ⓘライトアゾレ クッションカット（10×10mm）…3個 ⓙ穴なし樹脂パール（2.0mm）ホワイト…24個

道具　基本の道具（p.6）、ニッパー、ピンセット

作り方

1 バレッタ台本体からシャワー金具を外し、準備をします（写真）。2 p.12の2〜8を参照してグルーをよく混ぜ、バレッタ台のフレームに平らにのせます。3 作品写真を参照して、端からⓐ〜ⓗ（ウォーターブルーはⓐ〜ⓙ）を置きます。4 ベースをアルコール入りウェットティッシュで拭き、グルーを24時間硬化させて完成です。

バレッタ台本体からシャワー金具を外し、下の台の爪をニッパーで切り取ります。

---

17 ◆ バケットクロスのブローチ

写真p.32　製作時間 80分　レベル ★★★★★　寸法 6.6×5.3cm　〔フリーセッティング〕

チェーン巻き始め位置　ボールチェーン

ⓒ（実際の色はクリアです）

材料

〈グルー〉　クリスタル A2.8g＋B2.8g＝5.6g

〈本体用パーツ〉ⓐスワロフスキー・チャトン クリスタル PP10…約200個
スワロフスキー・ファンシーストーン
　ⓑクリスタル バケット（7×3mm）…33個
　ⓒクリスタル スクエア（3×3mm）…14個
ボールチェーン シルバー（1.5mm）…約26cm

〈加工用パーツ〉　フェルト（7×6cm）、ブローチピン

道具　基本の道具（p.6）、下絵のコピー、クリアファイル、セロハンテープ、鉛筆またはチャコペン、ニッパー、ピンセット、はさみ、木工用ボンド

バリエーション　グルーと本体用パーツを変更しています

〈グルー〉
クリスタル＋
ライトコロラドトパーズ
〈本体用パーツ〉
ⓐクリスタルゴールデンシャドウ
ⓑクリスタルゴールデンシャドウ
ⓒクリスタルゴールデンシャドウ
ボールチェーン ゴールド

作り方

1 p.18の1を参照して下絵の準備をします。2 p.18の2〜3を参照してグルーをよく混ぜ、下絵に合わせてのせます。3 ボールチェーンを巻き始め位置を始点に、それぞれの角でカットして外周に置きます。4 作品写真を参照して、チェーンの内側にⓑとⓒを置き、次にⓐを置いていきます。5 グルーを24時間硬化させた後、p.19のコラム1〜9を参照してブローチ加工したら完成です。

16 ◆ クリスタルガーデンのリングとブローチ

写真p.31　製作時間 40分　レベル ★★★☆☆

◆ **リング**　寸法 1.6×2.6cm　[ベース＋平面]

材料

〈ベース用パーツ〉
ボリュームリング シルバー Ⓦ

〈グルー〉
クリスタル A0.8g＋B0.8g＝1.6g

〈本体用パーツ〉
ⓐ スワロフスキー・チャトン
　　クリスタル PP10…約15個
　スワロフスキー・ファンシーストーン
　　ⓑ クリスタル フラワー(10mm)…2個
　　ⓒ 同(6mm)…6個
　　ⓓ クリスタル バタフライ(10mm)…1個
　　ⓔ クリスタル スノーフレーク(5mm)…6個

道具
基本の道具(p.6)、ウレタンフォームまたはキッチンペーパー、ピンセット

作り方

1 p.12の2〜8を参照してグルーをよく混ぜ、リングベースのフレームに縁の高さに揃えて、平らにのせます。 **2** 作品写真を参照して、ⓑ〜ⓔを大きな順に置き、隙間にⓐを置きます。 **3** ベースをアルコール入りウェットティッシュで拭き、グルーを24時間硬化させて完成です。

◆ **ブローチ**　寸法 4.0×4.0cm　[ベース＋平面]

材料

〈ベース用パーツ〉
38mmシャワー台ブローチ
ドーナツ ロジウムカラー Ⓣ

〈グルー〉
クリスタル A1.8g＋B1.8g＝3.6g

〈本体用パーツ〉
ⓐ スワロフスキー・チャトン
　　クリスタル PP10…約50個
　スワロフスキー・ファンシーストーン
　　ⓑ クリスタル フラワー(10mm)…3個
　　ⓒ 同(6mm)…7個
　　ⓓ クリスタル バタフライ(10mm)…3個
　　ⓔ クリスタル 角丸正方形(10mm)…2個
　　ⓕ クリスタル スノーフレーク(5mm)…5個

道具
基本の道具(p.6)、ニッパー、ピンセット

作り方

1 ブローチ台本体からシャワー金具を外し、下の台の爪をニッパーで切り取ります。 **2** p.12の2〜8を参照してグルーをよく混ぜ、ブローチ台のフレームに縁の高さに揃えて、平らにのせます。 **3** 作品写真を参照して、ⓑ〜ⓕを大きな順に置き、隙間にⓐを置きます。 **4** ベースをアルコール入りウェットティッシュで拭き、グルーを24時間硬化させて完成です。

余ったグルーでかわいくアレンジ

フリーセッティングでオリジナル作品を作るとき、最初のうちはグルーの適量がわからず、足りなかったり余らせたりしがちです。でも余ったからといって、せっかくのグルーを捨てないで。待ち針の頭をグルーで覆ってチャトンを置いたら、つかみやすいうえにシックな待ち針に変身します。またグルーをフリーハンドで丸くのばし、つまようじで穴をあけただけで、世界にひとつのオリジナルボタンに。ほかにも文房具のデコなど、グルーを粘土遊び感覚で活用してみてくださいね。

19 ◆ フラワーとバタフライのブローチ

写真p.34　製作時間 40分　レベル ★★★☆☆　フリーセッティング

◆ **フラワー**　寸法 3.0×3.4cm

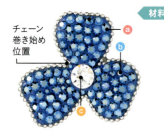

チェーン巻き始め位置

材料

〈グルー〉
A0.9g（サファイヤ0.85g＋ジェット0.05g）
＋B0.9g＝1.8g

〈本体用パーツ〉
スワロフスキー・チャトン
　ⓐクリスタルメタリックブルー PP18…約80個
　ⓑ同 PP10…約15個
　ⓒクリスタル SS29…1個
ボールチェーン（1.2mm）シルバー…約13cm

〈加工用パーツ〉
フェルト（3.5×4.0cm）、ブローチピン

道具

基本の道具（p.6）、下絵のコピー、はさみ、
クリアファイル、セロハンテープ、ピンセット、
鉛筆またはチャコペン、ニッパー、木工用ボンド

作り方

1 p.18の1を参照して下絵の準備をします。　2 p.18の2〜3を参照してグルーをよく混ぜ、下絵に合わせてのせます。　3 ボールチェーンを、巻き始め位置を始点に花びら1枚分ずつカットして外周に置きます。　4 チェーンのすぐ内側にⓐを置き、1周させます。中央部にⓒ、残りのスペースにⓐをメインに、隙間にⓑを置きます。　5 8〜10時間後、硬化途中のまだやわらかいうちに、花びらをやさしく押して立体的なカーブをつけます。　6 グルーを24時間硬化させた後、p.19のコラム1〜9を参照してブローチ加工したら完成です。

◆ **バタフライ**　寸法 3.5×4.3cm

チェーン巻き始め位置

材料

〈グルー〉
サファイヤ A1.7g＋B1.7g＝3.4g

〈本体用パーツ〉
スワロフスキー・チャトン
　ⓐクリスタルメタリックブルー
　　PP24…約30個、PP18…約20個、
　　PP10…約20個
　ⓑサファイヤ PP24…約30個、
　　PP18…約20個、PP10…約20個
　ⓒフューシャ PP24…約30個、
　　PP18…約20個、PP10…約20個
ボールチェーン（1.2mm）シルバー…約18cm

〈加工用パーツ〉
フェルト（4×5cm）、ブローチピン

道具

基本の道具（p.6）、下絵のコピー、
クリアファイル、セロハンテープ、
鉛筆またはチャコペン、ニッパー、
ピンセット、はさみ、木工用ボンド

作り方

1 p.18の1を参照して下絵の準備をします。　2 p.18の2〜3を参照してグルーをよく混ぜ、下絵に合わせてのせます。　3 ボールチェーンを、巻き始め位置を始点に羽1枚分ずつカットして外周に置きます。　4 チェーンのすぐ内側にⓐ〜ⓒのPP18をバランスよく置き、1周させます。　5 残りのスペースにⓐ〜ⓒのPP24を置き、隙間にPP10をバランスよく置きます。　6 8〜10時間後、硬化途中のまだやわらかいうちに、羽をやさしく押して立体的なカーブをつけます（写真）。　7 グルーを24時間硬化させた後、p.19のコラム1〜9を参照してブローチ加工したら完成です。

中心を持ち、やわらかいうちに軽くカーブをつけて、立体感を出します。カーブがきついと、ブローチピンがセットできなくなるので注意してください。

COLUMN

オリジナルデザインのヒント

オリジナル作品にチャレンジしたいけれど、見本がないと難しいという方もいるかもしれません。そんなときは雑誌や写真集、画像投稿サイトを見たり、お気に入りの布や包装紙からモチーフを探したりして、ラフスケッチしてみましょう。たとえ模倣から始まっても、「ここはもっとこうしたい！」というこだわりが出てくるものです。もしそのままのデザインだとチャトンを置きにくい場合は、模様を大きくしたりシンプルにしたりして、あなただけのデザインに仕上げてください。

20 ◆ バタフライのリングとネックレス

写真p.35　製作時間 40分　レベル ★★☆☆☆　ベース+平面

◆ リング　寸法 1.6×1.3cm（バタフライ1個分）

クリスタル（PP9）　リングベース

材料

〈ベース用パーツ〉
リングベース シルバー ⓤ

〈グルー〉
クリスタル
A0.36g+B0.36g＝0.72g

〈本体用パーツ〉
スワロフスキー・チャトン
クリスタル PP9…約80個

道具
基本の道具 (p.6)

バリエーション
ベースを変更しています

〈ベース〉ゴールド

作り方

1 p.12の2〜8を参照してグルーをよく混ぜ、ベースの縁の高さに合わせてのせます。 2 チャトンを置き、浮きや重なりをチェックし、表面を整えます。 3 余分なグルーをアルコール入りウェットティッシュで拭き取り、グルーを24時間硬化させて完成です。

◆ ネックレス　寸法 2.0×2.0cm

クリスタル（PP9）

材料

〈ベース用パーツ〉
チャーム シルバー ⓦ

〈グルー〉
クリスタル
A0.39g+B0.39g＝0.78g

〈本体用パーツ〉
スワロフスキー・チャトン
クリスタル PP9…約80個

〈加工用パーツ〉
好みのチェーン

道具
基本の道具 (p.6)

バリエーション
ベースを変更しています

〈ベース〉ゴールド
（著者によりメッキ加工済み）

作り方

1 p.12の2〜8を参照してグルーをよく混ぜ、ベースの縁の高さに合わせてのせます。 2 チャトンを置き、浮きや重なりをチェックし、表面を整えます。 3 余分なグルーをアルコール入りウェットティッシュで拭き取り、グルーを24時間硬化させて完成です。

---

21 ◆ アネモネのブローチ

写真p.36　製作時間 80分　レベル ★★★☆☆　寸法 4.8×4.8cm　フリーセッティング

ⓐ　チェーン巻き始め位置

材料

〈グルー〉
モンタナ A2.0g+B2.0g＝4.0g

〈本体用パーツ〉
スワロフスキー・チャトン
　ⓐモンタナ PP18…約120個、PP10…約40個
　ⓑクリスタルメタリックブルー PP10…約80個
　ⓒ穴なし樹脂パール（5.0mm）ホワイト…1個、
　　同（3.0mm）…8〜9個
ボールチェーン ブルー（1.5mm）…約20cm

〈加工用パーツ〉
フェルト（5×5cm）、ブローチピン

道具
基本の道具 (p.6)、下絵のコピー、
クリアファイル、セロハンテープ、
鉛筆またはチャコペン、ニッパー、ピンセット、
はさみ、木工用ボンド

作り方

1 p.18の1を参照して下絵の準備をします。 2 グルーをよく混ぜ、4等分（1枚につき約1.0g）して、下絵の花びら1枚ずつに立体的になるようのせます。 3 ボールチェーンを、巻き始め位置を始点に花びら1枚分ずつカットして外周に置きます。 4 作品写真を参照してめしべ部分にⓒを置き、その周りにⓑを置きます。 5 花びらにⓐのPP18をメインに、隙間にPP10を置きます。ⓐとⓑの境目は、ぼかすように2色をランダムに置きます。 6 グルーを24時間硬化させた後、p.19のコラム1〜9を参照してブローチ加工したら完成です。

バリエーション　グルー、本体用パーツを変更しています

〈グルー〉ジェット
〈本体用パーツ〉
ⓐジェット
ⓑブラックダイヤモンド
ボールチェーン ガンメタ

〈グルー〉ジェット+クリスタル
〈本体用パーツ〉
ⓐブラックダイヤモンド
ⓑジェット
ボールチェーン シルバー

〈グルー〉クリスタル
〈本体用パーツ〉
ⓐホワイトオパール
ⓑクリスタル
ボールチェーン シルバー

23 ◆ パズルブローチ

写真p.38　製作時間 60分　レベル ★★★☆☆　寸法 4.3×3.8cm　［フリーセッティング］

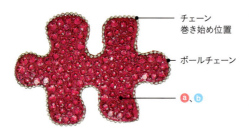

- チェーン巻き始め位置
- ボールチェーン
- ⓐ、ⓑ

材料

〈グルー〉	フューシャ A1.8g＋B1.8g＝3.6g
〈本体用パーツ〉	スワロフスキー・チャトン フューシャ ⓐPP18…約100個 ⓑPP10…約20個 ボールチェーン(1.0mm)…約18cm
〈加工用パーツ〉	フェルト(5×4cm)、ブローチピン

道具

基本の道具 (p.6)、下絵のコピー、クリアファイル、セロハンテープ、鉛筆またはチャコペン、ニッパー、ピンセット、はさみ、木工用ボンド

バリエーション

デザイン、グルー、本体用パーツを変更しています

〈グルー〉 サファイヤ
〈本体用パーツ〉
ⓐⓑサファイヤ

〈グルー〉 ジェット
〈本体用パーツ〉
ⓐⓑジェット

〈グルー〉 クリスタル
〈本体用パーツ〉
ⓐⓑクリスタル

作り方

1 p.18の1を参照して下絵の準備をします。　2 p.18の2～3を参照してグルーをよく混ぜ、下絵に合わせてのせます。　3 ボールチェーンを、巻き始め位置を始点にそれぞれの角でカットして外周に置きます。　4 チェーンの内側に角からⓐをメインに、隙間にⓑを置きます。　5 グルーを24時間硬化させた後、p.19のコラム1～9を参照してブローチ加工したら完成です。

---

25 ◆ クラッシュハートブローチ（ライトシャム）

写真p.40　製作時間 40分　レベル ★★★☆☆　寸法 2.7×4.3cm　［フリーセッティング］

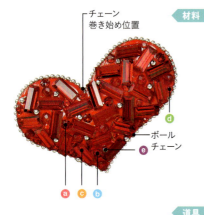

- チェーン巻き始め位置
- ボールチェーン
- ⓐ ⓒ ⓑ
- ⓓ
- ⓔ

材料

〈グルー〉	ライトシャム A2.3g＋B2.3g＝4.6g
〈本体用パーツ〉	スワロフスキー・チャトン ライトシャム ⓐPP18…約10個 ⓑPP10…約10個 ⓒスワロフスキー・ファンシーストーン シャム バケット(7×3mm)…約25個 ⓓガラスビーズ(2mm) DP-00621-038 ㊥…約10個 ⓔボールチェーン(1.5mm) シルバー…約2cm ※1粒ずつカットして使用 ボールチェーン(1.2mm) シルバー…約15cm
〈加工用パーツ〉	フェルト(3×5cm)、ブローチピン

道具

基本の道具 (p.6)、下絵のコピー、クリアファイル、セロハンテープ、鉛筆またはチャコペン、ニッパー、ピンセット、はさみ、木工用ボンド

作り方

1 p.18の1を参照して下絵の準備をします。　2 p.18の2を参照してグルーをよく混ぜ、下絵に合わせてのせます。　3 中心部を厚めに、縁はうすめにしてふっくらしたハートに仕上げます。　4 ボールチェーンを巻き始め位置を始点に外周に置き、ハートの先端で一度カットします。　5 ⓒを角度を少しずつ変えて、ランダムに置きます。　6 作品写真を参照して、ⓐⓑⓓⓔをバランスよく置きます。　7 グルーを24時間硬化させた後、p.19のコラム1～9を参照してブローチ加工したら完成です。

バリエーション

グルー、本体用パーツを変更しています

〈グルー〉 モンタナ
〈本体用パーツ〉
ⓐモンタナ
ⓑモンタナ
ⓒモンタナ バケット
ⓓDP-00621-078

〈グルー〉 クリスタル
〈本体用パーツ〉
ⓐクリスタル
ⓑクリスタル
ⓒクリスタル バケット
ⓓDP-00621-014

26 ◆ パッチワークハートブローチ(グレー系)

写真p.41　製作時間 80分　レベル ★★★☆☆　寸法 4.5×4.5cm　[フリーセッティング]

チェーン巻き始め位置

ボールチェーン

材料

〈グルー〉
A3.0g(クリスタル2.5g+ジェット0.5g)+B3.0g=6.0g

〈本体用パーツ〉
スワロフスキー・ソロバン型ビーズ(3mm)
ⓐクリスタル…約25個
ⓑクリスタルCAL…約48個
ⓒクリスタルサテン…約21個
ⓓパール グレー(2mm)(貫)…約29個
ⓔメタルビーズ(2mm)ロジウム(貫)…約23個
ボールチェーン(1.2mm) シルバー(貫)…約26cm

〈加工用パーツ〉
フェルト(5×5cm)、ブローチピン

道具

基本の道具 (p.6)、下絵のコピー、クリアファイル、セロハンテープ、鉛筆またはチャコペン、ニッパー、ピンセット、はさみ、木工用ボンド

作り方

1 p.18の1を参照して下絵の準備をします。　2 p.18の2を参照してグルーをよく混ぜ、下絵に合わせてのせます。　3 中央を厚めに、縁はうすめにしてふっくらしたハートに仕上げます(写真)。4 ボールチェーンを巻き始め位置を始点に外周に置き、ハートの先端で一度カットします。5 下絵を参照して、ハートの中のライン位置にボールチェーンを置きます。6 作品写真を参照してⓐ～ⓔを置きます。7 グルーを24時間硬化させた後、p.19のコラム1～9を参照してブローチ加工したら完成です。

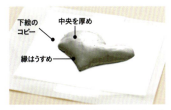

下絵のコピー／中央を厚め／縁はうすめ

中央を厚め、縁をうすめにすると、ふっくらと立体的なハートに見えます。

バリエーション

グルーと本体用パーツを変更しています

〈グルー〉
ジェット

〈本体用パーツ〉
ⓐジェット
ⓑジェットヘマタイト
ⓒクリスタル シルバーナイト
ⓓパール ブラック
ⓔメタルビーズ ガンメタ

〈グルー〉
クリスタル+ライトコロラドトパーズ

〈本体用パーツ〉
ⓐクリスタル ゴールデンシャドウ
ⓑクリスタルオーラム2X
ⓒライトコロラドトパーズ
ⓓパール ゴールド
ⓔメタルビーズ ソフト金
ボールチェーン ゴールド

27 ◆ No.5パールブローチ

写真p.42　製作時間 80分　レベル ★★★☆☆　寸法 6.5×4.7cm　[フリーセッティング]

チェーン巻き始め位置

ⓑとⓓを交互に

ボールチェーン

材料

〈グルー〉
クリスタル A2.7g+B2.7g=5.4g

〈本体用パーツ〉
スワロフスキー・チャトン クリスタル
ⓐSS29…4個
ⓑPP24…約45個
ⓒPP10…約10個
スワロフスキー・クリスタルパール
ⓓホワイト(3mm)…約75個
ⓔホワイト(4mm)…約13個
ⓕホワイト(5mm)…約10個
ボールチェーン(1.5mm) シルバー…約31cm

〈加工用パーツ〉
フェルト(7×5cm)、ブローチピン

道具

基本の道具 (p.6)、下絵のコピー、クリアファイル、セロハンテープ、鉛筆またはチャコペン、ニッパー、ピンセット、はさみ、木工用ボンド

作り方

1 p.18の1を参照して下絵の準備をします。　2 p.18の2～3を参照してグルーをよく混ぜ、下絵に合わせてのせます。　3 ボールチェーンをカットせずに、巻き始め位置を始点に外周に置きます。4 作品写真を参照して、チェーンの内側に角からⓑとⓓを1個ずつ交互に置いて1周させます。5 ⓐをランダムに置き、次にⓕを同様にバランスよく置きます。6 残りのスペースにⓔ、次にⓓを置き、隙間をⓒで埋めます。7 グルーを24時間硬化させた後、p.19のコラム1～9を参照してブローチ加工したら完成です。

28 ◆ 幾何学柄のヘアゴム（ブルー系）

写真p.43　製作時間 90分　レベル ★★★★☆　寸法 直径3.6cm　[ベース＋平面]

ボールチェーン ⓐ

バリエーション：色の配色とグルー、本体用パーツを変更しています

材料

〈ベース用パーツ〉
ミール皿つきヘアゴム（直径3cm）
※ゴム部分を交換済み

〈グルー〉
ベース部分
クリスタル A3.0g＋B3.0g＝6.0g
ⓑA0.3g（サファイア0.28g＋ジェット0.02g）＋B0.3g＝0.6g
ⓒインディコライトA0.3g＋B0.3g＝0.6g
ⓓA0.3g（クリスタル0.2g＋インディコライト0.1g）＋B0.3g＝0.6g
ⓔA0.3g（ペリドット0.27g＋スモークトパーズ0.03g）＋B0.3g＝0.6g

〈本体用パーツ〉
スワロフスキー・チャトン
ⓐクリスタル PP10…約10個
ⓑダークインディゴ PP13…約40個、PP10…約10個
ⓒインディコライト PP18…約25個、PP10…約10個
ⓓライトアゾレ PP18…約25個、PP10…約15個
ⓔカーキ PP10…約12個
ボールチェーン（1.2mm）シルバー…約12cm

〈バリエーション〉
〈グルー〉
ⓑクリスタル＋ジェット
ⓒクリスタル＋ジェット
ⓓクリスタル＋ライトローズ
ⓔクリスタル＋ローズ＋スモークトパーズ

〈本体用パーツ〉
ⓐクリスタル
ⓑクリスタルシルバーナイト
ⓒブラックダイヤモンド
ⓓクリスタルアンティークピンク
ⓔローズウォーターオパール

道具

基本の道具（p.6）、下絵のコピー、鉛筆またはチャコペン、トレーシングペーパー、ニッパー、ピンセット、はさみ

作り方

1 p.12の2～8を参照してベース部分のグルーをよく混ぜ、ベースのフレームに平らにのせます。　2 p.52のプラステクニック２２～7を参照して、下絵を1に転写します。　3 ⓑ～ⓔのグルーをそれぞれよく混ぜ、作品写真通りに2の上にのせてのばし、指で表面をなじませます。　4 それぞれの色の境目と、ベースの縁にボールチェーンを置きます。　5 4の上にⓐ～ⓔのチャトンを置き、グルーを24時間硬化させて完成です。

---

29 ◆ カモフラージュ柄のヘアゴム

写真p.43　製作時間 90分　レベル ★★★★☆　寸法 直径3.6cm　[ベース＋平面]

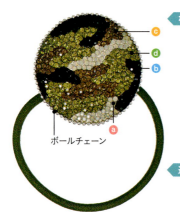
ボールチェーン ⓐ

材料

〈ベース用パーツ〉　ミール皿つきヘアゴム（直径3cm）※ゴム部分を交換済み

〈グルー〉　**ベース部分** A3.0g（クリスタル2.5g＋ジェット0.05g＋ライトコロラドトパーズ0.45g）＋B3.0g＝6.0g
ⓑジェット A0.3g＋B0.3g＝0.6g
ⓒスモークトパーズ A0.3g＋B0.3g＝0.6g
ⓓカーキ A0.4g（ペリドット0.36g＋ライトコロラドトパーズ0.04g）＋B0.4g＝0.8g

〈本体用パーツ〉　スワロフスキー・チャトン
ⓐライトグレーオパール PP10…約60個
ⓑジェット PP10…約90個　ⓒスモーキークォーツ PP10…約80個
ⓓカーキ PP10…約150個
ボールチェーン（1.2mm）シルバー…約12cm

道具

基本の道具（p.6）、下絵のコピー、鉛筆またはチャコペン、トレーシングペーパー、ニッパー、ピンセット、はさみ

作り方

1 p.12の2～8を参照してベース部分のグルーをよく混ぜ、ベースのフレームに平らにのせます。　2 p.52のプラステクニック２２～7を参照して、下絵を1に転写します（写真）。　3 ⓑ～ⓓのグルーをそれぞれよく混ぜ、作品写真通りに2の上にのせてのばし、指で表面をなじませます。　4 ベースの縁にボールチェーンを置きます。　5 4の上にⓐ～ⓓを置き、グルーを24時間硬化させて完成です。

複雑なラインを丁寧に転写します。

30 ◆ Twiggyハートブローチ

写真p.44　製作時間60分　レベル ★★★☆☆　寸法 5.0×5.0cm　［フリーセッティング］

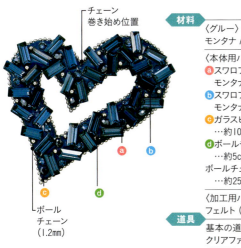

チェーン巻き始め位置
ボールチェーン（1.2mm）

材料

〈グルー〉
モンタナ A2.5g+B2.5g=5.0g

〈本体用パーツ〉
ⓐ スワロフスキー・チャトン
　モンタナ PP18…約15個
ⓑ スワロフスキー・ファンシーストーン
　モンタナ バケット（7×3mm）…約40個
ⓒ ガラスビーズ DP00621-078 ㋑
　…約10個
ⓓ ボールチェーン（1.5mm）シルバー
　…約5cm　※1粒ずつカットして使用
ボールチェーン（1.2mm）シルバー
　…約25cm

〈加工用パーツ〉
フェルト（6×6cm）、ブローチピン

道具

基本の道具（p.6）、下絵のコピー、クリアファイル、セロハンテープ、鉛筆またはチャコペン、ニッパー、ピンセット、はさみ、木工用ボンド

作り方

1 p.18の1を参照して下絵の準備をします。　2 p.18の作り方2～3を参照してグルーをよく混ぜ、下絵に合わせてのせます。3 ボールチェーンを巻き始め位置を始点に外周に置き、ハートの先端で一度カットします。内側にも同様に置きます。4 ⓑを角度を少しずつ変えてランダムに置きます。　5 作品写真を参照してⓐ、ⓒ、ⓓをバランスよく置きます。　6 グルーを24時間硬化させた後、p.19のコラム1～9を参照してブローチ加工したら完成です。

31 ◆ 幾何学柄ハートブローチ（ネイビー）

写真p.45　製作時間80分　レベル ★★★☆☆　寸法 4.5×5.5cm　［フリーセッティング］

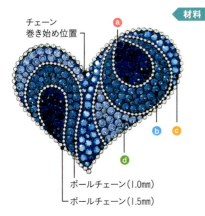

チェーン巻き始め位置
ボールチェーン（1.0mm）
ボールチェーン（1.5mm）

材料

〈グルー〉
A3.7g（サファイヤ3.5g+ジェット0.2g）+B3.7g=7.4g

〈本体用パーツ〉
スワロフスキー・チャトン
ⓐ ダークインディゴ
　PP13…約45個、PP10…約10個
ⓑ モンタナ
　PP18…約55個、PP10…約25個
ⓒ クリスタルメタリックブルー
　PP18…約30個、PP10…約10個
ⓓ デニムブルー
　PP18…約30個、PP10…約15個
ボールチェーン（1.5mm）シルバー…約16cm、同（1.0mm）…約26cm

〈加工用パーツ〉
フェルト（5×6cm）、ブローチピン

道具

基本の道具（p.6）、下絵のコピー、カットしたクリアファイル、セロハンテープ、鉛筆またはチャコペン、ニッパー、ピンセット、トレーシングペーパー、はさみ、木工用ボンド

作り方

1 p.18の1を参照して下絵の準備をします。　2 p.18の2を参照してグルーをよく混ぜ、下絵に合わせてのせます。p.71の写真を参照して、中央を厚めに、縁はうすめにしてふっくらしたハートに仕上げます。　3 p.52のプラステクニック2 2～7を参照して、下絵を2に転写します。　4 1.5mmのボールチェーンを巻き始め位置を始点に外周に置き、ハートの先端で一度カットします。5 転写したラインの位置に、1.0mmのボールチェーンを置きます。6 作品写真を参照してⓐ～ⓓを置きます。　7 グルーを24時間硬化させた後、p.19のコラム1～9を参照してブローチ加工したら完成です。

バリエーション　グルー、本体用パーツを変更しています

〈グルー〉クリスタル
〈本体用パーツ〉
ⓐ クリスタルブルーシェード
ⓑ ホワイトオパール
ⓒ クリスタル　ⓓ クリスタルAB

〈グルー〉ジェット
〈本体用パーツ〉
ⓐ ブラックダイヤモンド　ⓑ ジェット
ⓒ ジェットヘマタイト
ⓓ クリスタルシルバーナイト

34 ◆ スマイルチャーム

写真p.48　製作時間 60分　レベル ★★★☆☆　寸法 直径2.7cm　［ベース+平面］

材料
〈ベース用パーツ〉
ミール皿（直径2.5cm）

〈グルー〉
ベース部分
クリスタル A1.45g＋B1.45g＝2.9g
目と口部分
ⓑジェット A0.04g＋B0.04g＝0.08g

〈本体用パーツ〉
スワロフスキー・チャトン
　ⓐクリスタル
　　PP18…約70個、PP10…約25個
　ⓑジェット PP10…約25個
ボールチェーン（1.2mm）シルバー…約9cm

道具
基本の道具（p.6）、下絵のコピー、鉛筆またはチャコペン、トレーシングペーパー、ニッパー、ピンセット

作り方
1 p.12の2〜8を参照してベース部分のグルーをよく混ぜ、ベースの縁より少し高めに平らにのせます。 **2** p.60のプラステクニック10 2〜4を参照して、下絵を**1**に転写します。 **3** ⓑのグルーをよく混ぜ、**2**で転写した目と口の位置に、つまようじで細くのばします。 **4** ボールチェーンをベースの縁に置きます。 **5** 目と口にⓑのチャトン、次にベース部分にⓐのPP18をメインに、隙間にPP10を置いていきます。グルーを24時間硬化させて完成です。

---

35 ◆ クロスチャーム（シルバー）

写真p.48　製作時間 40分　レベル ★★★☆☆　寸法 3.4×1.5cm　［ベース+平面］

バリエーション　ベース、グルーを変更しています
〈ベース〉ゴールド
〈グルー〉クリスタル＋ライトコロラドトパーズ

材料
〈ベース用パーツ〉
クロスチャーム空枠 シルバー ⓚ

〈グルー〉
クリスタル A0.16g＋B0.16g＝0.32g

〈本体用パーツ〉
スワロフスキー・チャトン
クロス部分
クリスタル PP9…51個
アジャスター部分
クリスタル PP18…3個、PP10…1個、PP9…1個

道具
基本の道具（p.6）

作り方
1 グルーをよく混ぜ、p.12の2〜8を参照して、アジャスターのくぼみ部分に、半分の高さまでグルーを入れます。 **2** 残りのグルーをベースの縁より少し高めに平らにのせます。 **3** 作品写真を参照して、クロス部分にPP9を3個ずつ置きます。 **4** アジャスターの幅広い部分から狭い部分に向かって、チャトンを大きな順（PP18→PP10→PP9）に置きます。 **5** グルーを24時間硬化させて完成です。

スマイルチャームに丸カンを通し、クロスチャーム、花形チャームⓜ、バッグ形チャームⓘとともにバッグチャームセットに通したものです。

33 ◆ レパード柄ボール

写真p.47 製作時間 120分 レベル ★★★★☆ 寸法 直径3.3cm 〔フリーセッティング〕 〔ボール〕

- バッグチャーム
- ヒートン
- ⓐ
- ⓑ
- ⓒ

材料

〈ベース用パーツ〉 ボール芯（素ボール・25mm）

〈グルー〉 **ベース部分**
A2.5g（クリスタル2.0g＋ジェット0.5g）＋B2.5g＝5.0g
レパード柄部分
ⓑ サファイヤ A0.4g＋B0.4g＝0.8g
ⓒ A0.4g（ジェット0.1g＋クリスタル0.3g）＋B0.4g＝0.8g

〈本体用パーツ〉 スワロフスキー・チャトン
ⓐ クリスタルシルバーシェード
　PP18…約260個、PP10…約60個
ⓑ ダークインディゴ PP13…約100個、PP10…約80個
ⓒ ブラックダイヤモンド PP18…約110個、PP10…約100個

〈加工用パーツ〉 ヒートン シルバー（J）、バッグチャーム シルバー（貴）

道具
基本の道具（p.6）、スタンド類、モルド

作り方

1 レパード柄部分のグルーⓑ、ⓒをそれぞれよく混ぜ、ⓑを20等分、ⓒを8等分します。 2 p.21の1〜5を参照してベース部分のグルーをよく混ぜ、素ボールを芯にして、片穴のボールを作ります。 3 分割見本の写真を参照してレパード柄を作ります。2の上にⓒのグルーを8ヵ所のせてのばし、その周りにⓑのグルーをのせて（写真1）のばし、なじませます（写真2）。 4 3のⓑ、ⓒの上に、それぞれⓑ、ⓒのチャトンを置きます。残りのスペースにⓐを置き、モルドで形を整えてグルーを24時間硬化させます。 5 p.22のコラム「ヒートンをつける」を参照してヒートンをつけます。グルーを硬化させた後、バッグチャームをつけたら完成です。

グルー分割見本

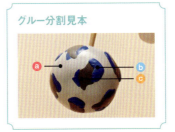

- ⓐ
- ⓑ
- ⓒ

1 ⓒのグルーの周りに、ポイントでⓑのグルーをのせます。

2 ボールの形を壊さないよう、指でそっとグルーをなじませます。

バリエーション グルー、本体用・加工用パーツを変更しています

〈グルー〉
ベース部分
ライトコロラドトパーズ
ⓑ ジェット
ⓒ スモークトパーズ

〈本体用パーツ〉
ⓐ ライトコロラドトパーズ
ⓑ ジェット
ⓒ スモーキークオーツ

〈加工用パーツ〉
ゴールド

36 ◆ モチーフのカードケース（ピンク）

写真p.49　製作時間120分　レベル ★★★☆☆　寸法 7.0×10.0cm　[フリーセッティング]

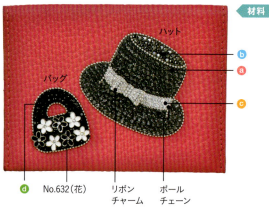

材料

〈ベース用パーツ〉革製カードケース

ハット
〈グルー〉
ベース部分　A2.2g（クリスタル1.1g＋ジェット1.1g）＋B2.2g＝4.4g
リボン部分　クリスタル A0.35g＋B0.35g＝0.7g

〈本体用パーツ〉
スワロフスキー・チャトン
　ⓐクリスタルシルバーナイト PP18…約225個、PP10…約20個
　ⓑジェットヘマタイト PP18…約30個、PP10…約5個
　ⓒクリスタル PP10…約35個
リボンチャーム(貴)…1個
ボールチェーン（1.0mm）シルバー…約30cm

バッグ
〈グルー〉　ジェット A1.2g＋B1.2g＝2.4g

〈本体用パーツ〉
ⓓスワロフスキー・チャトン ジェット PP18…約50個、PP10…約10個
No.632（花）ホワイト(貴)…4個、同 ブラック(貴)…3個
ボールチェーン（1.0mm）…約15cm

道具
基本の道具（p.6）、下絵のコピー、マジックペン（細）、ニッパー、ピンセット、はさみ、マスキングテープ

作り方

1 リボンチャームのカンをニッパーで切り取ります。下絵のコピーを切り抜いてモチーフを置く位置を決め、カードケースの上下に注意してベースにマスキングテープで留めます（写真1）。**2** なるべく細い油性マジックペンで下絵の輪郭をなぞり、ベースに描き写します（写真2）。**3** モチーフの内側の線は、下絵を参照して描きます（写真3）。**4** ベース部分のグルーをよく混ぜ、ハット本体にのせます。リボン部分のグルーをよく混ぜてのせます（写真4）。**5** ボールチェーンを写真5の通りに置きます。**6** 作品写真を参照して、リボン部以外のスペースにⓐ、ⓑのPP18をメインに、隙間にPP10を置きます（写真6）。リボン部分にリボンチャーム、ⓒのチャトンを置きます。最後に全体を軽く押さえて、ベースとモチーフを接着させます。**7** 硬化開始から6時間後まで、2時間おきにモチーフがベースとなじむようやさしく押さえ、グルーを24時間硬化させて完成です。

※バッグも同様に、No.632(花)→ⓓのPP18、PP10の順に置いて作ります。

◆ ブルー　製作時間 120分

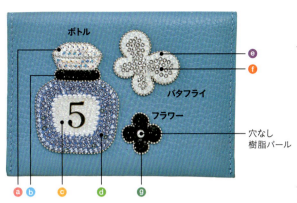

ボトル

〈グルー〉
- ⓐクリスタル　A0.6g＋B0.6g＝1.2g
- ⓑジェット　A0.24g＋B0.24g＝0.48g
- ⓒクリスタル　A0.65g＋B0.65g＝1.3g
- ⓓライトサファイヤ　A1.7g＋B1.7g＝3.4g

〈本体用パーツ〉　スワロフスキー・チャトン
- ⓐクリスタルAB
  PP18…約35個、PP10…約15個
- ⓑジェットヘマタイト
  PP18…約20個、PP10…約5個
- ⓒホワイトオパール　PP10…約80個
- ⓓライトサファイヤ
  PP18…約130個、PP10…約30個
- 数字チャーム「5」㊋…1個
- 穴なし樹脂パール　ホワイト（2.5mm）…約30個
- ボールチェーン（1.0mm）シルバー…約25cm

フラワー

〈グルー〉　ジェット　A0.3g＋B0.3g＝0.6g

〈本体用パーツ〉　ⓖスワロフスキー・チャトン　ジェット
  PP18…約35個
  穴なし樹脂パール　ホワイト（4mm）…1個
  ボールチェーン（1.0mm）シルバー…約8cm

【道具】
基本の道具（p.6）、下絵のコピー、マジックペン（細）、ニッパー、ピンセット、はさみ、マスキングテープ

【材料】
〈ベース用パーツ〉　革製カードケース

バタフライ

〈グルー〉　クリスタル　A1.0g＋B1.0g＝2.0g

〈本体用パーツ〉
スワロフスキー・チャトン
- ⓔホワイトオパール　PP18…約45個
- ⓕクリスタル　PP18…約50個、PP10…約15個
- ボールチェーン（1.0mm）シルバー…約15cm

作り方
「ピンク」の作り方と同様の手順で製作します。

◆ グレージュ　製作時間 110分

【材料】
〈ベース用パーツ〉革製カードケース

パンプス

〈グルー〉　**ベース部分**　ⓐローズ　A1.5g＋B1.5g＝3.0g
　　　　　ⓑジェット　A0.5g＋B0.5g＝1.0g

〈本体用パーツ〉　スワロフスキー・チャトン
- ⓐローズ　PP18…約110個、PP10…約25個
- ⓑジェット　PP18…約33個、PP10…約7個
- リボンS㊋…2個
- ボールチェーン（1.0mm）シルバー…約43cm

ハート

〈グルー〉　ライトローズA0.3g＋B0.3g＝0.6g

〈本体用パーツ〉　ⓒスワロフスキー・チャトン　ライトローズ
  PP18…約37個、PP10…約7個
  ボールチェーン（1.0mm）シルバー…約8cm

【道具】
基本の道具（p.6）、下絵のコピー、マジックペン（細）、ニッパー、ピンセット、はさみ、マスキングテープ

作り方
「ピンク」の作り方と同様の手順で製作します。

　下絵

下絵

p.16〜49に掲載した作品の下絵です。原寸大でコピーし、
p.18の作り方1を参照して、下絵を準備しましょう。
慣れたら、オリジナルデザインにもチャレンジしてみてください。

坪内史子 つぼうち・のぶこ

東京・外苑前にて、「スタジオRoom*T」を主宰。成城大学卒業後、OLを経てセツ・モードセミナーでイラストを学び、結婚して主婦となる。もともと絵画や編み物、縫い物、アクセサリー作りが好きで、3年前に電車で見かけた女性のネックレスをきっかけとして、グルーでアクセサリーや小物を製作し始めた。それらの作品に目を留めた友人たちを中心に教えていたが、口コミやブログで評判となり、2年前から本格的にレッスンを開始。大人に似合うシンプルかつリュクスなデザインが好評で、現在ではレッスン募集と同時に予約が殺到する人気サロンとなっている。

HP◆ http://studio-room-t.com/
※キットがある作品は、
　著者HPよりご購入いただけます。

主な材料が買えるお店

本書で掲載したグルーや
スワロフスキー・チャトン、ベースなどの主な材料は、
下記の店舗や大型手芸店で購入できます。

- ㋕ からこま家（武市通販事業部）
  http://handmade-accessory.com/
- ㋖ 貴和製作所
  http://www.kiwaseisakujo.jp/shop/
- Ⓙ JGA公認／Glue-Deco.com
  http://glue-deco.com/
- Ⓦ Wグルーデコ楽天市場店
  http://www.rakuten.co.jp/wgluedeco/
- ㋗ デュエルジャパン
  http://www.dueljapan.com/
- ㋩ パーツクラブ
  http://www.partsclub.jp/
- ㋪ ビーズショップj4
  http://store.shopping.yahoo.co.jp/beadsshopj4/
- Ⓜ MK PLUS
  http://mkplus.biz/
- ㋴ ユリシス ドンネ・デコ
  http://www.donne.jp/
- ㋙ 吉田商事
  http://www.yoshida-shoji.co.jp/onlineshop.html

※店舗によって取り扱う商品が異なったり、
　商品がメーカーで廃番になったりしていることもありますのでご了承ください。
※本書の情報は2015年12月現在のものです。

講談社の実用BOOK
本格的なデコが2時間で完成！
「グルー」で作る大人のアクセサリー

2016年1月28日　第1刷発行
2019年3月1日　第5刷発行

著　者　　坪内史子
　　　　　©Nobuko Tsubouchi 2016, Printed in Japan

発行者　　渡瀬昌彦

発行所　　株式会社 講談社
　　　　　〒112-8001　東京都文京区音羽2-12-21
　　　　　電話　（編集）03-5395-3527
　　　　　　　　（販売）03-5395-4415
　　　　　　　　（業務）03-5395-3615

印刷所　　共同印刷株式会社

製本所　　株式会社若林製本工場

装丁・本文デザイン◆
大久保裕文＋須貝美咲（Better Days）

撮影◆嶋田礼奈（本社写真部）

スタイリング◆皆川明美

ライター◆小中千恵子

協力◆オルネ ド フォイユ

定価はカバーに表示してあります。落丁本・乱丁本は、購入書店名を明記のうえ、
小社業務あてにお送りください。送料小社負担にてお取り替えいたします。
なお、この本についてのお問い合わせは、生活文化あてにお願いいたします。
本書のコピー、スキャン、デジタル化等の無断複製は
著作権法上での例外を除き禁じられています。
本書を代行業者等の第三者に依頼してスキャンやデジタル化することは、
たとえ個人や家庭内の利用でも著作権法違反です。

ISBN978-4-06-299838-3